생성형 AI의 구조

SEISEI AI NO SHIKUMI: "NAGARE" GA GAZO, ONSEI, DOGA O
TSUKURU
by Daisuke Okanohara

© 2024 by Daisuke Okanohara

Originally published in 2024 by Iwanami Shoten, Publishers, Tokyo.
This Korean edition published 2025 by J-Pub Co., Ltd., Paju
by arrangement with Iwanami Shoten, Publishers, Tokyo.

이 책의 한국어판 저작권은 대니홍 에이전시를 통한 저작권사와의 독점 계약으로 제이펍에 있습니다.
저작권법에 의해 한국 내에서 보호를 받는 저작물이므로 무단 전재와 무단 복제를 금합니다.

생성형 AI의 구조

1판 1쇄 발행 2025년 5월 13일

지은이 오카노하라 다이스케
옮긴이 정원창
펴낸이 장성두
펴낸곳 주식회사 제이펍

출판신고 2009년 11월 10일 제406-2009-000087호
주소 경기도 파주시 회동길 159 3층 / **전화** 070-8201-9010 / **팩스** 02-6280-0405
홈페이지 www.jpub.kr / **투고** submit@jpub.kr / **독자문의** help@jpub.kr / **교재문의** textbook@jpub.kr

소통기획부 김정준, 이상복, 안수정, 박재인, 송영화, 김은미, 나준섭, 권유라
소통지원부 민지환, 이승환, 김정미, 서세원 / **디자인부** 이민숙, 최병찬

진행 및 교정·교열 이상복 / **내지 디자인** 이민숙 / **내지 편집** 최병찬 / **표지 디자인** nu:n
용지 에스에이치페이퍼 / **인쇄** 한승문화사 / **제본** 일진제책사

ISBN 979-11-94587-23-1 (93000)
책값은 뒤표지에 있습니다.

※ 이 책은 저작권법에 따라 보호를 받는 저작물이므로 무단 전재와 무단 복제를 금지하며,
이 책 내용의 전부 또는 일부를 이용하려면 반드시 저작권자와 제이펍의 서면 동의를 받아야 합니다.
※ 잘못된 책은 구입하신 서점에서 바꾸어드립니다.

제이펍은 여러분의 아이디어와 원고를 기다리고 있습니다. 책으로 펴내고자 하는 아이디어나 원고가 있는 분께서는
책의 간단한 개요와 차례, 구성과 지은이/옮긴이 약력 등을 메일(submit@jpub.kr)로 보내주세요.

**수식 없이도 정확히 이해하는
이미지, 음성, 비디오를 실현하는 프로의 핵심 원리**

생성형 AI의 구조

오카노하라 다이스케 지음 / 정원창 옮김

※ 드리는 말씀
- 이 책에 기재된 내용을 기반으로 한 운용 결과에 대해 지은이/옮긴이, 소프트웨어 개발자 및 제공자, 제이펍 출판사는 일체의 책임을 지지 않으므로 양해 바랍니다.
- 이 책에 등장하는 회사명, 제품명은 일반적으로 각 회사의 등록상표 또는 상표입니다.
  본문 중에는 ™, ⓒ, ® 등의 기호를 생략했습니다.
- 이 책에서 소개한 URL 등은 시간이 지나면 변경될 수 있습니다.
- 책의 내용과 관련된 문의사항은 옮긴이나 출판사로 연락해주시기 바랍니다.
  - 옮긴이: wonchang.chung@gmail.com
  - 출판사: help@jpub.kr

차 례

옮긴이 머리말 ─── ix
한국의 독자들에게 ─── x
머리말 ─── xi

CHAPTER 1 생성형 AI   1

생성형 AI란 무엇인가 ─── 1
지시와 조건에 따르는 생성 ─── 2
이전에는 생성하기 어려웠던 데이터를 생성 가능 ─── 3
규칙 기반에서 머신러닝으로 ─── 5
생성 작업은 특히 어려운 머신러닝 문제 ─── 7
데이터 생성은 광활한 바다에서 섬을 찾는 것과 같은 작업 ─── 9
광활하고 기묘한 고차원 공간 ─── 11
생성에는 올바른 출력이 하나만이 아님 ─── 13
다양체 가설: 저차원에 들어 있는 데이터 ─── 15
대칭성: 변환에 대한 불변성이 존재하는 데이터 ─── 18
구성성: 여러 부분의 조합으로 만들어지는 데이터 ─── 20
COLUMN 데이터가 가지는 특성은 사람이 제공하는 것인가, 아니면 스스로 학습하는 것인가? ─── 21
요약 ─── 22

CHAPTER 2 생성형 AI의 역사   23

기억의 메커니즘 ─── 23

이징 모델에서 홉필드 네트워크로	24
에너지 기반 모델	28
자연스럽게 연상 기억을 실현하는 에너지 기반 모델	29
에너지와 확률의 상관관계: 볼츠만 분포	31
랑주뱅 몬테카를로 방법의 원리	32
에너지 기반 모델의 치명적인 문제	33
COLUMN 현실 세계는 거대한 시뮬레이터	34
공간 전체의 정보를 지배하는 분배함수	35
숨겨진 정보로부터 생성되는 데이터	37
생성을 위해서는 인식이 필요	38
변분 오토인코더(VAE)	40
잠재변수 모델의 문제	42
COLUMN 생성적 적대 신경망(GAN)	43
COLUMN 자기 회귀 모델	43
COLUMN 2024년 노벨상	44
요약	45

CHAPTER 3 플로를 사용하는 생성 47

플로란	47
연속방정식: 물질은 갑자기 사라지거나 워프하지 않음	49
플로를 사용하여 만드는 복잡한 확률분포	51
분배함수를 구할 필요가 없는 플로 기반 모델	53
정규화 플로와 연속 정규화 플로	55
플로를 따라 구한 가능도가 최대화되도록 학습	55
플로에 따라 데이터를 생성	57
복잡한 생성 문제를 간단한 부분 생성 문제로 분해하는 플로	58
플로 모델링	60
플로 결과 계산	62
정규화 플로의 과제	64
요약	65

CHAPTER 4 확산 모델과 플로 매칭 — 67

확산 모델의 발견 — 67
일반적인 확산 현상 — 68
COLUMN 브라운 운동 — 69
확산 모델이란 — 70
확산 과정이 만들어내는 플로 = 스코어 — 72
스코어와 에너지의 관계 — 73
시간과 함께 바뀌어가는 스코어 — 74
디노이징 스코어 매칭 — 76
시뮬레이션 프리 학습은 일부만을 대상으로 학습 가능 — 78
확산 모델에 의한 학습과 생성 요약 — 79
확산 모델에 의해 만들어지는 플로의 특징 — 79
확산 모델과 잠재변수 모델의 관계 — 80
데이터 생성의 계통 발생 트리를 자동으로 학습 — 81
확산 모델은 에너지 기반 모델 — 82
확산 모델은 플로를 사용하는 생성 모델 — 82
플로 매칭: 플로를 모아서 만드는 복잡한 플로 — 83
최적 운송 — 83
최적 운송을 사용하는 생성 — 85
최적 운송을 직접 구하는 것은 계산량이 너무 큼 — 85
플로 매칭의 학습 — 86
플로 매칭의 발전 — 88
조건부 생성은 조건부 플로로 실현 — 88
잠재 확산 모델: 원래 데이터를 잠재공간으로 변환하여 품질 개선 — 90
요약 — 91

CHAPTER 5 플로를 사용한 기술의 향후 전망 93

일반화의 수수께끼 해명 — 93
대칭성을 고려한 생성 — 95

어텐션 메커니즘과 플로	96
플로에 의한 수치 최적화	96
언어와 같은 이산 데이터 생성	97
뇌의 계산 메커니즘과의 접점	99
플로에 의한 생성의 미래	99

APPENDIX A 머신러닝 키워드 101

확률과 생성 모델	101
최대 가능도법	102
머신러닝	103
머신러닝의 메커니즘	104
매개변수 조정 = 학습	105
신경망	106
유한한 학습 데이터로부터 무한한 데이터에 적용할 수 있는 규칙을 얻는 일반화	106

APPENDIX B 참고 문헌 109

2장	110
3장	112
4장	112
5장	114

찾아보기 —— 117

옮긴이 머리말

생성형 AI는 이미 우리 생활에 깊이 들어와 있지만, 그 원리를 이해하려면 상당한 양의 수학적인 내공이 필요합니다.

이해를 돕기 위해 종합적으로 내용이 정리되어 있는 자료도 생각보다 많지 않습니다. 워낙 빠르게 발전하는 분야이다 보니 각자가 논문을 찾아서 조각조각 공부해야 하는 상황이지요. 일정 수준 이상의 경험과 지식을 갖춘 사람에게도 쉽지 않은 도전입니다.

저자는 생성형 AI에 대해 본격적인 책을 집필한 적이 있습니다. 제이펍에서 번역 출간한 《확산 모델의 수학》입니다. 유사한 책을 찾기 어려울 정도로 깊고 종합적이며 적확한 내용을 담고 있었지만, 내용이 다소 어렵다는 평이 있었습니다. 그래서 저자가 좀 더 넓은 독자층을 위한 입문 버전을 새로 집필한 것입니다. '수식을 전혀 사용하지 않으면서도' 생성형 AI의 원리를 설명해주는, 그러면서도 깊은 곳에 있는 핵심을 엄밀하게 전달하는 책입니다.

이 책을 통해 더 많은 분이 생성형 AI의 원리에 대해 본격적이고 깊이 있는 이해를 하실 수 있을 것입니다.

마지막으로 번역 출간을 결정하고 진행하신 제이펍 출판사에 큰 감사를 드립니다.

정원창

한국의 독자들에게

이번에 제 책이 한국 독자 여러분들을 만날 수 있어 매우 기쁘게 생각합니다.

《AI 딥 다이브》에 이어 이번에도 정원창 님께서 번역을 맡아주신 것에 대해 깊이 감사 드립니다.

확산 모델이나 플로를 이용한 기법은 자연계의 메커니즘을 공학적으로 잘 이용하는 접근 방식으로서 매우 흥미롭습니다. 애초에 생성이 왜 어려운지, 지금까지 어떻게 그것을 극복하려고 노력해왔는지, 플로를 이용한 생성은 그것을 어떻게 해결했는지에 대해 이야기하는 책입니다.

또한, 이 책이 일본에서 출간된 후에, 책의 후반부에서 예측했던 대로 플로(확산 모델)를 이용한 대규모 언어 모델이 등장하여 그 능력과 생성 속도로 주목받고 있습니다. 앞으로 더욱 발전할 것으로 기대됩니다.

이 책을 통해 많은 분께서 생성의 메커니즘에 관심을 가지고, 앞으로의 활용과 연구 개발에 이 책이 도움이 된다면 저자로서 기쁘겠습니다.

오카노하라 다이스케

머리말

최근 인공지능(AI)의 발전은 눈부셨으며 컴퓨터가 사람처럼 이미지, 소리, 비디오 등을 생성할 수 있게 되었습니다. 이른바 생성형 AI의 등장입니다. 그중에서도 플로flow[1]를 이용하여 데이터를 생성하는 기술이 주목을 받고 있습니다.

예를 들어 플로를 이용한 생성 기술을 대표하는 확산 모델diffusion model은 다음과 같은 관찰과 상상을 바탕으로 합니다. 물 위에 잉크로 글을 쓴다고 해봅시다. 이 잉크로 쓴 글자는 시간이 지남에 따라 풀어져갈 것이고 충분한 시간이 지나면 잉크가 물 전체에 균일하게 섞일 것입니다.

이 잉크가 확산되어가는 과정을 반대 방향으로 재현할 수 있다면, 물에 잉크가 균일하게 섞여 있는 상태로부터 물 위에 잉크로 문자가 쓰여진 상태에 도달할 수 있습니다. 즉, 뭔가 질서를 가지고 있었던 대상이 서서히 파괴되어 완전히 무질서해지는 과정을 참고로 해서, 그 반대 방향으로 거슬러 올라가는 플로를 만들어낼 수 있다면, 무질서로부터 질서를 만들어내는 과정, 즉 생성을 실현할 수 있을 것이라는 아이디어입니다.

이 설명은 물 위의 2차원 공간에서 잉크의 플로를 이용하여 문자를 생성하는 것이었지만, 실제 생성형 AI가 학습해야 하는 것은 데이터가 존재하는 고차원 공간에서의 데이터 플로입니다(아직 고차원 공간이라는 것이 무엇인지는 몰라도 됩니다). 마찬가지로 데이터에 점차적으로 노이즈를 더해서 파괴해갈 때 발생하는 플로와 반대 방향의 플로를 사

---

1 [옮긴이] flow라는 개념의 번역어로 이 책에서는 '플로'를 선택했습니다.

용하여 데이터를 생성합니다.

생성할 때의 플로는 생성 도중의 데이터가 다음에는 어떤 상태로 변화해야 하는지를 나타냅니다. 이러한 변화를 연결한 결과가 데이터를 랜덤하게 초기화한 무질서한 상태로부터 최종적인 생성 목표를 향한 플로가 됩니다.

예를 들어 플로를 사용하여 '개'의 이미지를 생성하는 경우를 살펴보겠습니다. 먼저 이미지를 랜덤하게 초기화합니다. 이 초기 이미지는 마치 모래 폭풍처럼 보이며 아무런 정보를 갖고 있지 않습니다. 그 후 플로에 따라 서서히 이미지가 변화해갑니다. 우선 개의 윤곽이 서서히 나타납니다. 다음으로 눈, 귀, 코 등의 부위를 형성하고 마지막에 털 한 올 한 올을 세밀하게 그려 사실적인 개 이미지를 완성합니다.

플로에 기반한 생성 기술은 많은 분야에서 성공을 거두었습니다. 예를 들어 이미지, 오디오, 비디오 및 화합물 생성에서 이전에는 달성할 수 없었던 높은 품질과 다양성을 얻을 수 있게 되었습니다. 또한, 얼핏 생성과는 무관할 것처럼 보이는 로봇의 제어와 단백질 구조 추정 등의 분야에서도 성공을 거두었습니다.

플로를 이용한 생성 모델을 정확하게 이해하기 위해서는 수학 및 머신러닝에 대한 지식이 필요합니다. 특히 유체역학과 확률미분방정식 등이 등장하는데, 이는 전문가들에게도 어려운 주제입니다. 저는 이전에 전문가를 위한 《확산 모델의 수학》(제이펍, 2024)이라는 책을 썼습니다. 가치 있는 내용을 소개할 수 있었다고 생각하지만, 비전문가가 이해하기 어려운 부분이 많았던 것 같습니다.

한편으로 플로라는 개념은 현실 세계에서 우리에게 익숙한 현상을 나타내는 것이며, 굳이 그런 전문적인 지식 없이도 직관적으로 이해하기 쉬운 것입니다. 이 책의 목적은 현재의 생성형 AI가 플로를 사용하여 어떻게 이미지, 오디오, 비디오를 생성하는지를, 수학 공식을 사용하지 않고도 중요한 개념을 누구나 이해할 수 있도록 설명하는 것입니다.

이 책을 통해, 현재의 인공지능 생성 기술에 대한 이해가 깊어지고 생성을 실현하기 위한 연구자들의 시행착오와 그 주변에서 일어나는 다양한 지식과 관점에 대해 흥미를 가질 수 있게 되기를 바랍니다.

CHAPTER 1

생성형 AI

생성형 AI란 무엇인가

사람이 글을 쓰거나 그림을 그리거나 음악을 만들 수 있게 되려면 오랜 시간의 노력과 재능이 필요합니다. 무언가를 만드는 것은 매뉴얼에 있는 단계를 따른다고 해서 할 수 있는 일이 아닙니다. 창작은 창작자의 의지, 판단, 무의식적 활동이 융합되는 매우 복잡한 과정을 통해 실현됩니다.

사람은 자기 자신이 어떻게 이런 창작 활동을 하는지 실제로는 잘 이해하지 못합니다. 적어도 언어나 규칙으로 설명할 수는 없습니다. 그래서 AI에게 어떤 단계를 밟아야 데이터를 생성할 수 있는지를 가르치기가 어려웠습니다. 만약 사람이 어떻게 데이터를 생성하는지 알 수 있다면, 그 절차를 프로그램이나 규칙의 형태로 컴퓨터에 가르치기만 하면 사람처럼 데이터를 생성할 수 있는 AI를 만들 수 있을 것입니다.

이러한 어려움 때문에 최근까지도 AI가 생성한 문서, 그림, 음악은 어설프고 틀린 부분이 많았으며 단순하고 패턴이 한정되어 있어서 어색했습니다. 많은 사람이 AI가 사람처럼 다양한 데이터를 생성하는 것은 영원히 해결할 수 없는 문제이거나 실현 가능하더라도 오랜 시간이 걸릴 것이라고 생각했습니다.

그러나 최근 몇 년 사이에 AI로 이러한 데이터를 생성할 수 있는 기술이 급속히 발전하면서 AI가 자유롭게 데이터를 생성하는 것이 현실화되었습니다. 이렇게 데이터를 생성하는 AI를 **생성형 AI**라고 합니다.

게다가 생성형 AI의 발전 속도는 매우 빠릅니다. 예를 들어 2010년대 초반만 하더라도 여전히 단순한 숫자나 그림밖에 그릴 수 없었지만, 불과 10년 만에 실제와 구별할 수 없을 정도로 충실한 수준의 다양한 이미지를 만들 수 있게 되었습니다. 비디오의 경우에는 2010년대 말까지만 해도 의미 있는 비디오를 만들 수 없었지만 이제는 의미적으로 일관성 있는 영상을 생성할 수 있게 되었습니다.

지시와 조건에 따르는 생성

생성형 AI가 랜덤하게 데이터를 생성해서는 쓸모가 없습니다. 사용자가 생성 시에 구체적인 지시, 목표, 제약 조건을 제공하고 그에 따라 데이터가 생성되어야만 유용하다고 할 수 있습니다.

이미지나 비디오를 생성하기 위해 생성형 AI에 제공되는 텍스트 지시를 **프롬프트**라고 합니다. 프롬프트는 무엇을 어떤 스타일로 어떻게 생성할 것인지를 전달합니다(그림 1 왼쪽). 이러한 지시는 텍스트에만 국한되지 않습니다. 사람의 이미지를 생성할 때 골격 포즈를 조건으로 하여 다양한 인물 이미지를 생성하는 것도 가능합니다(그림 1 오른쪽). 또한 음성의 경우 특정 인물의 목소리를 조건으로 해서 읽을 텍스트를 제공하면, 원하는 목소리로 읽게 할 수 있습니다.

생성에 대한 제약 조건을 제공할 수도 있습니다. 특정한 이미지를 제약 조건으로 제공해서 그 주변 영역으로 이어지는 이미지를 생성하거나, 저해상도 이미지를 주고 그에 대응하는 고해상도 이미지를 생성할 수 있습니다. 또한, 비디오의 경우에는 중간 프레임을 보간하거나, 앞이나 뒤에 모순 없이 연결되는 새로운 비디오를 생성하는 것이 가능합니다.

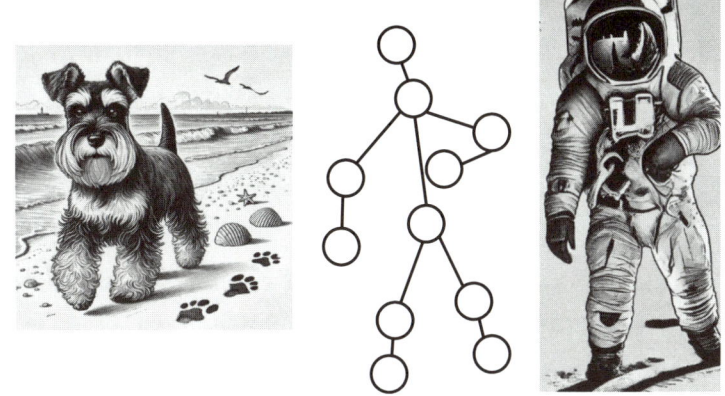

그림 1 왼쪽: 지시(프롬프트)에 따라 이미지를 생성한 예.
오른쪽: 골격 포즈와 '우주 비행사'라는 조건에 따라 이미지를 생성한 예. ChatGPT-4o로 생성.

이러한 프롬프트와 생성을 위한 지시나 제약 조건을 **생성 조건**이라고 통칭합니다. 생성 조건을 사용하여 생성 결과를 제어할 수 있으며 이러한 조건들은 생성을 위한 핸들 또는 컨트롤러와 같은 역할을 합니다.

이렇게 조건을 부여하는 생성을 **조건부 생성**이라고 합니다. 무엇을 조건으로 해서 무엇을 생성할 것인가를 다양하게 변경시킴으로써, 실로 다양한 문제를 조건부 생성 문제라는 틀로 통일적으로 해결할 수 있습니다.

이전에는 생성하기 어려웠던 데이터를 생성 가능

이 책에서 설명하는 **플로**를 사용하는 생성 기술은 어떤 대상이라도 생성해낼 수 있지만, 이미지, 오디오, 비디오의 생성 외에도 로봇 제어 및 구조 추정에도 성공함으로써 더욱 널리 사용되고 있습니다.

이미지, 오디오, 음악의 생성은 이미 제품화되어 많은 사람이 이용하고 있습니다. 이미지 생성은 있는 그대로 사용하거나 다양한 사진 및 이미지 편집 도구와 통합되어 실제와 구별할 수 없을 정도의 사실적인 이미지나 만화풍의 이미지를 생성할 수 있습니다.

음성의 경우에는 생생한 목소리로 감정을 느낄 수 있는 억양을 만드는 것도 가능해졌습니다. 음악 생성 서비스도 속속 등장하고 있습니다.

비디오는 다양한 유형의 데이터 중에서도 가장 생성하기 어려운 대상이었습니다. 처리해야 할 데이터의 양이 방대하고 다른 데이터에 비해 내용이 압도적으로 복잡하기 때문입니다. 이 비디오 생성도 플로를 사용하여 처음으로 실현되었습니다. 비디오 생성은 콘텐츠 생성뿐만 아니라 로봇을 제어하고 자율주행 계획을 수립하는 데에도 유용합니다. 어떻게 행동하면 어떤 일이 일어나는지와 같은 복잡한 세계의 역학은 비디오 정보로서 통일된 방식으로 처리될 수 있습니다.

생성형 AI의 생성 대상은 제어로까지 확장됩니다. 다양한 조건에서 로봇이 지시를 받은 후 어떻게 행동해야 하는지에 대해 제어 시퀀스를 생성합니다. 예를 들어 로봇에게 '책상 위에 있는 접시를 집어라'라고 지시하면 AI는 그 지시에 따라 로봇이 어떻게 움직일지 계획하고 그 계획에 따라 움직임을 생성할 수 있으며, '이족 보행 시의 각 관절의 목표치'를 생성하도록 하면 그 목표 각도를 생성합니다(그림 2).

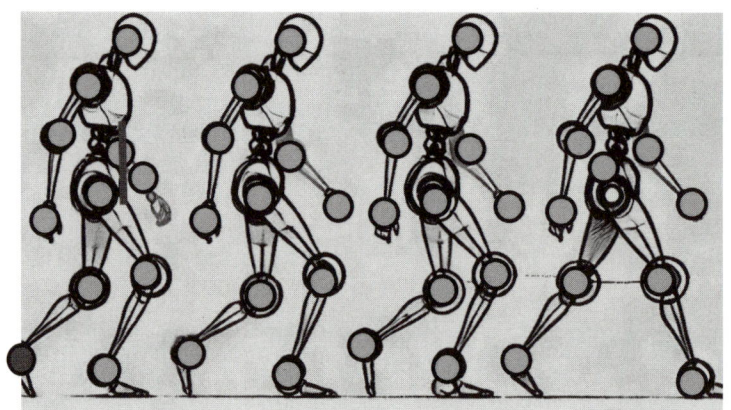

그림 2 '이족 보행 순서'라는 지시에 따라 각 관절의 목표 각도/자세를 생성하는 예. ChatGPT-4o로 생성.

또한 생성형 AI는 물질의 구조를 추정할 수 있습니다. 예를 들어 다양한 원자로 구성되는 단백질의 구조를 추정하는 것은 생명과학의 중요한 과제로서, 질병 원인의 규명과

신약 개발로 연결됩니다. 이를 위해 화합물의 분자 정보, 즉 어떤 원자가 어떤 원자에 연결되어 있는지를 조건으로 받아서 각 원자의 위치를 생성하는 문제를 풀게 함으로써 단백질의 구조를 추정할 수 있습니다(그림 3). 이 경우 구조가 이미 밝혀진 단백질로부터 추정 방법을 학습하여, 구조를 모르는 단백질의 구조를 추정하거나 약이 단백질과 결합하는 방법을 추정할 수 있습니다(2장 마지막의 '2024년 노벨상' 칼럼 참조).

한편, 생성형 AI의 중요한 응용처인 문장 생성 모델과 대규모 언어 모델 등에서는 아직 플로 기반 생성이 본격적으로는 활용되지 못하고 있습니다. 왜 사용하기 어려운지, 앞으로는 사용될 것인지에 대해서는 마지막 장에서 다루겠습니다.

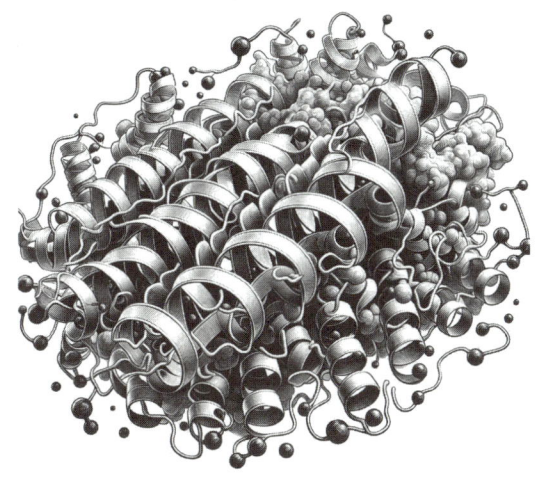

그림 3 단백질 구조의 예: 아미노산으로 구성된 염기서열은 접혀 있으며 매우 복잡한 구조를 가지고 있음. Alpha-Fold3와 같은 확산 모델을 이용한 구조 추정이 실현됨. ChatGPT-4o로 생성.

규칙 기반에서 머신러닝으로

여기서는 생성형 AI를 만드는 방법을 살펴보겠습니다. 생성 작업뿐만이 아니라 AI를 실현하기 위해 첫 번째로 시도되었던 방식은 전문가가 직접 AI에게 프로그램과 규칙의 형태로 문제를 해결하는 방법을 가르치는 접근 방식이었습니다. 이 접근 방식을 기반으로 하는 AI를 **규칙 기반**rule-based **시스템** 또는 **전문가 시스템**이라고 합니다.

이 접근법은 어느 정도는 성공적이었고 많은 상용 시스템이 등장했지만, 문제가 복잡해짐에 따라 규칙 기반으로 해결하기가 어려워집니다. 이 책에서 논의하는 생성 작업도 바로 그런 작업입니다.

예를 들어 '해 질 녘 해변에서 파도 옆을 달리는 개와 주인의 실루엣'이라는 지시를 주고 이미지를 생성하려고 한다고 가정해보겠습니다. 이 경우 일몰 하늘의 색, 파도의 모양, 개와 주인의 가능한 움직임이 무엇인지 미리 알려주어야 합니다. 또한 그것들이 결합될 때 어떻게 될 것인지도 가르쳐야 합니다. 일몰은 바다의 색에 반영되어야 하며, 그렇게 반사된 빛은 개와 사람의 색에도 영향을 미칩니다. 물리적인 법칙에 따라 개와 주인의 실루엣은 태양과 반대 위치에 있어야 할 것입니다.

이러한 복잡한 작업의 경우에는 AI에게 가르쳐야 하는 지식의 양이 엄청나며, 그것들을 빠짐없이 열거하는 것은 매우 어렵습니다. 또한 한 부분에서 문제를 해결하면 다른 부분에 영향을 미치는 경우가 많아 전체적인 밸런스를 유지하기가 어렵습니다. 마치 두더지 잡기 놀이와 같아서 한 부분을 고치면 다른 문제가 발생해서 대응을 계속해야 하게 됩니다.

이러한 규칙 기반 시스템의 한계를 극복하기 위해 AI 스스로가 데이터로부터 규칙과 지식을 획득하는, 이른바 **머신러닝**이 급속히 보급되고 있습니다.

머신러닝은 주어진 학습 데이터를 기반으로 AI 스스로가 학습하는 방법입니다. 예를 들어 개와 고양이의 이미지를 분류하는 AI를 만들 때 개와 고양이의 이미지들과 정답을 학습 데이터로 제공하면 AI가 스스로 차이를 구별하는 방법을 학습합니다. 이를 통해 AI는 처음 보는 개와 고양이의 이미지를 보더라도 식별해낼 수 있게 됩니다.

사람이 열거하기 매우 어려운 복잡하고 섬세한 관계가 있는 방대한 양의 규칙과 지식을, AI는 학습 과정을 통해 습득합니다. 인터넷과 스마트폰의 보급으로 많은 양의 데이터를 쉽게 얻을 수 있게 되었으며 컴퓨터 성능의 놀라운 향상도 머신러닝의 발전을 뒷받침했습니다.

이 책은 플로에 의한 생성에 초점을 맞추기 때문에 머신러닝에 대해서는 자세히 다루지 않습니다. 이 책의 부록 A에 '머신러닝 키워드'를 간략하게 정리해두었으니 참조하세요.

생성 작업은 특히 어려운 머신러닝 문제

생성이라는 작업도 지시나 조건과 같은 입력으로부터 생성 대상이라는 출력을 예측하는 문제이므로 기존 머신러닝의 틀로 실현할 수 있습니다. 그러나 생성 작업은 머신러닝으로 해결하기 특히 어려웠습니다. 머신러닝은 분류나 인식 작업에서는 성공적이었는데, 생성 작업이 특히 어려웠던 이유는 무엇일까요. 두 가지 이유를 설명하겠습니다.

첫 번째 이유는 생성 작업은 출력 데이터가 고차원 데이터이기 때문입니다.

데이터를 나타내는 데 필요한 독립 변수의 수를 **차원 수**라고 합니다. 특정 데이터를 나타내는 데 최소한으로 필요한 숫자의 개수로 생각하면 됩니다. 예를 들어 온도나 키를 나타내는 데이터는 하나의 숫자로 표현되므로 차원 수는 1입니다. 지구 표면의 위치를 나타내는 데이터는 위도와 경도라는 두 숫자로 표현되므로 차원 수는 2입니다. 사람이 살고 있는 실제 세계는 3차원 공간이라서 어떤 위치를 나타내는 데이터는 3개의 숫자를 지정하면 되기 때문에 차원 수는 3이 됩니다.

이에 반해 생성 대상이 되는 데이터들은 차원 수가 압도적으로 높은 경우가 많습니다. 텍스트, 이미지, 오디오, 비디오, 분자 및 시계열 데이터 등은 모두 **고차원 데이터**입니다.

생성 대상이 되는 데이터의 차원 수가 얼마나 큰지 구체적으로 살펴보겠습니다.

풀 컬러 이미지 데이터의 경우 일반적으로 RGB의 세 가지 값(적색, 녹색, 청색)을 사용하여 각 픽셀의 색상 정보를 나타냅니다. 따라서 풀 컬러 이미지를 표현하려면 픽셀 수에 3을 곱한 만큼의 값들을 지정해야 하며 그것이 차원 수가 됩니다(그림 4). 예를 들어 HD 화질의 픽셀 수는 1920×1080이므로 차원 수는 $1920 \times 1080 \times 3 =$ 약 622만이 됩니다.

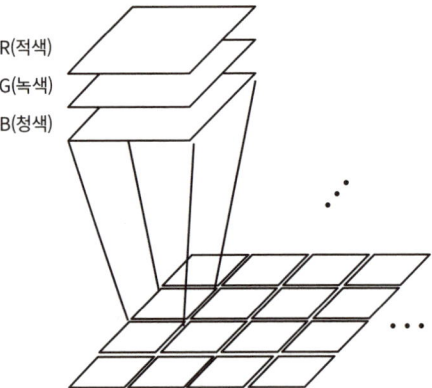

그림 4 각 픽셀의 R, G, B 각각(각 차원)은 그 색의 강도를 나타내는 값을 가지며, 풀 컬러 이미지 데이터의 차원 수는 총 픽셀 수에 3을 곱한 값이 됨.[1]

오디오 데이터의 경우 음압의 값을 일정 시간 간격으로 기록합니다. 이 시간 간격은 1초에 몇 번 샘플링하는지를 나타내는 **샘플링 레이트**로 표현됩니다(그림 5). 예를 들어 일반적으로 사용되는 44.1 kHz의 샘플링 레이트로 10초 분량의 오디오를 기록하는 경우에 차원 수는 44,100×10＝441,000이 됩니다.

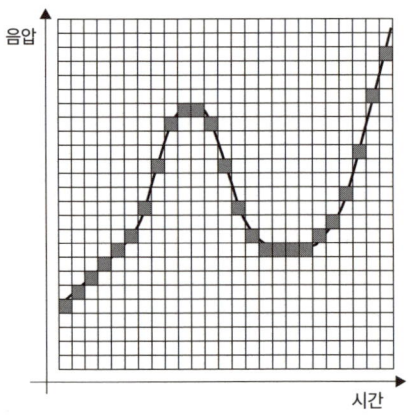

그림 5 오디오 데이터는 일정 시간 간격(가로축 1칸)마다 음압의 값(세로축의 크기)을 기록하여 표현함. 가로축 1칸마다 음압의 값을 가지므로 시간 축의 전체 칸 수가 차원 수가 됨. 차원 수는 샘플링 레이트(1초 동안의 가로축의 칸 수)×초가 됨.

---

[1] 옮긴이 각 픽셀이 켜지거나 꺼지는 두 가지 값만을 가진다고 가정하는 경우입니다.

비디오 데이터의 경우 **프레임**이라고 하는 정지 이미지를 순서대로 연결한 구조로 되어 있습니다. 초당 몇 프레임이 사용되는지를 **fps**frame per second라는 단위로 나타냅니다. 24 fps에서 60 fps 정도를 사용하여 표현하는 것이 일반적입니다. 그리고 각 프레임은 정지 이미지와 동일한 차원 수를 필요로 합니다. 예를 들어 HD 30 fps로 60초 길이 비디오의 차원 수는 정지 이미지의 차원 수인 622만에 30 fps와 60초를 곱한 112억 개가 됩니다. 비디오의 차원 수는 다른 데이터와 비교해 자릿수가 다를 정도로 큽니다.

이렇게 생성 대상이 되는 데이터들은 수만에서 수백억에 이르는 차원 수를 가지는 매우 고차원의 데이터입니다.

이러한 종류의 데이터를 생성한다는 것은 대량의 수치를 정확하게 예측해야 한다는 것을 의미합니다.

데이터 생성은 광활한 바다에서 섬을 찾는 것과 같은 작업

지금까지 생성 작업의 대상 데이터는 고차원이라고 설명했습니다. 이러한 고차원 데이터는 **고차원 공간** 내의 점으로 표현될 수 있습니다.

예를 들어 3차원으로 구성된 데이터는 3차원 공간 중의 점으로 표현될 수 있습니다. 마찬가지로, 이미지가 100만 차원의 데이터인 경우, 이러한 이미지는 100만 차원 공간 중의 점으로 표현될 수 있는 것입니다. 그리고 이 100만 차원이라는 공간 안에 있는 모든 점 하나하나가, 존재할 수 있는 어떤 이미지에 대응됩니다. 예를 들어 한 점은 옆을 보고 있는 진돗개의 이미지에 해당하고, 다른 점은 해변의 이미지에 해당될 수 있을 것입니다. 그리고 대부분의 점은 무의미한 모래 폭풍과 같은 이미지에 대응됩니다(각 픽셀의 값을 랜덤하게 결정하면 거의 확실하게 모래 폭풍과 같은 이미지가 됩니다).

그리고 데이터 생성이라는 작업은, 생성하고자 하는 데이터가 이 고차원 공간에서 어디에 위치하는지 찾는 문제로 볼 수 있습니다.

비유하자면 데이터 생성은 사방으로 뻗어 있는 광활한 바다에서 섬을 찾는 것과 같은 작업입니다(그림 6).

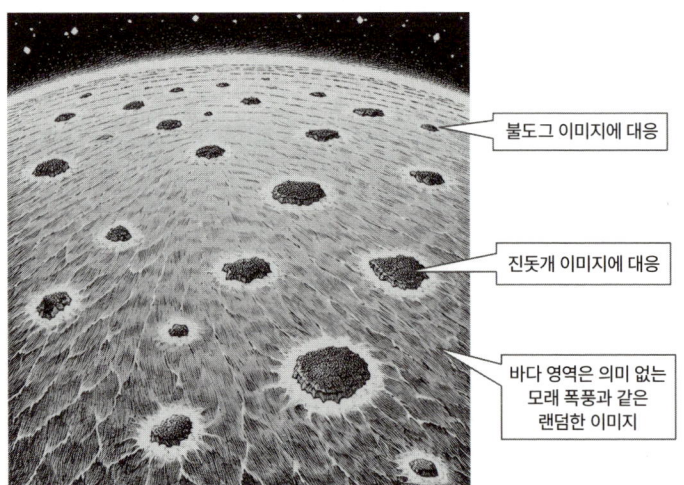

그림 6 데이터 생성 문제는 광활한 바다 가운데에 존재하는 육지(생성 후보)를 망라하는 것과 같은 문제. 생성 후보 하나하나의 비율이라는 관점에서 본다면, 육지에 해당하는 부분은 극히 일부분이며 나머지는 모두 바다임. ChatGPT-4o로 생성.

이때 각 섬은 다양한 데이터 생성 후보에 해당합니다. 개 이미지를 생성하려는 경우에 어떤 섬은 진돗개에 해당하고 다른 섬은 불도그에 해당할 것입니다.

생성이라는 작업은 광활한 바다에서 이러한 섬들을 찾아내는 작업에 해당합니다.

이 바다는 무서울 정도로 광대합니다. 따라서 적당한 위치에서 시작하여 임의의 적당한 방향으로 이동한다고 해서 어딘가의 섬에 도달할 가능성은 일단 없습니다. 그렇다면 어떻게 섬에 가까이 가야 할 수 있는 것인지조차 간단히 알아낼 수 없습니다. 고차원 공간에는 움직여 볼 수 있는 방향이 차원의 수만큼 많이 있기 때문입니다.

광활하고 기묘한 고차원 공간

이렇게 고차원 데이터를 생성하는 것은 고차원 공간에서 생성될 데이터를 찾는 문제로 볼 수 있습니다.

생성 대상을 찾을 고차원 공간은 너무나 광활해서 사람의 직관이 잘 작동하지 않습니다. 사람은 1차원에서 3차원까지의 세계밖에 모르기 때문에 결국은 저차원 공간에서의 직감으로 끌려가버리지만, 고차원의 세계는 저차원의 세계와는 전혀 다릅니다. 다음은 이를 보여주는 몇 가지 예입니다.

흑백 이미지에서 각 픽셀(차원)의 값이 1(검은색) 또는 0(흰색)만을 가지는 경우에 차원 수가 증가할 때 이미지 종류의 수가 어떻게 바뀌는지 생각해봅시다(그림 7).

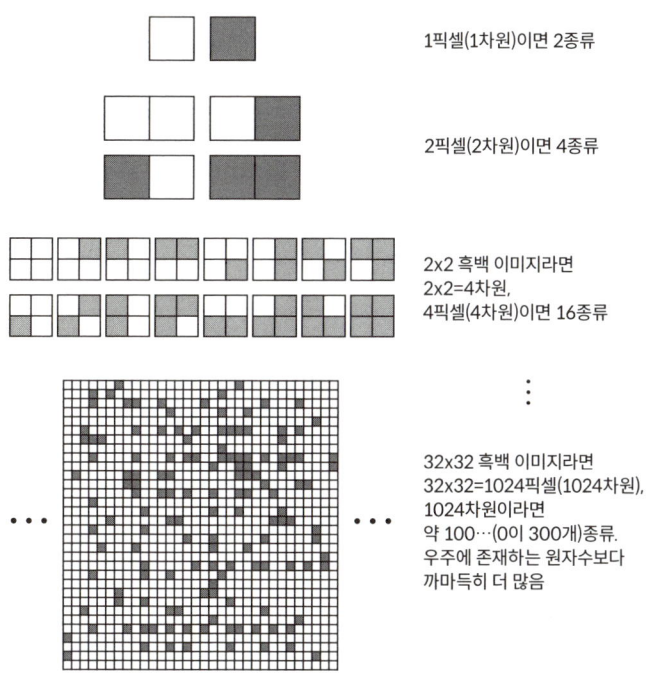

1픽셀(1차원)이면 2종류

2픽셀(2차원)이면 4종류

2x2 흑백 이미지라면
2x2=4차원,
4픽셀(4차원)이면 16종류

32x32 흑백 이미지라면
32x32=1024픽셀(1024차원),
1024차원이라면
약 100⋯(0이 300개)종류.
우주에 존재하는 원자수보다
까마득히 더 많음

그림 7 고차원에서는 종류의 수가 폭발적으로 증가함. 예를 들어 흑백 이미지의 종류 수는 차원 수가 하나 증가할 때마다 두 배가 되는데, 1024차원에서 흑백 이미지의 종류는 1 다음에 0이 약 300개 붙는 수까지 늘어남.

1차원의 경우 데이터 종류의 수는 백과 흑 두 가지입니다. 2D의 경우 데이터 종류의 수는 백백, 백흑, 흑백, 흑흑의 4종류가 됩니다. 이렇게 차원 수가 1씩 늘어날 때마다 데이터 종류의 수는 두 배가 됩니다. 그러면 32×32차원으로 구성된 흑백 이미지의 데이터 종류의 수는 어떻게 될까요. 차원 수는 32×32 = 1024이고 데이터 종류의 수는 2를 1024번 제곱하여 얻은 수가 됩니다. 이 숫자는 너무 커서 1 뒤에 약 300개의 0이 오는데, 이는 우주에 존재하는 원자 수(1 뒤에 0이 80개)를 압도할 정도로 많습니다. 높이와 너비가 32픽셀에 불과한 작은 흑백 이미지를 생성하기 위해서는 우주에 존재하는 원자 수보다도 많은 후보 흑백 이미지들 중에서 맞는 이미지를 찾아야 합니다.

이렇게 차원 수가 1024개인 경우에 각 차원이 두 가지 값만 가진다고 하더라도 종류의 수는 도저히 열거할 수 없을 정도로 큽니다. 고차원 데이터는 순식간에 종류의 수가 커지므로 도저히 그 전체를 망라할 수 없을 정도가 됩니다.

이와 비교하면 기존의 머신러닝에서 성공을 거둔 분류 및 회귀와 같은 문제는 좁은 범위의 후보들 중에서 올바른 값을 예측하는 문제인 셈입니다. 예를 들어 1000개의 범주 중 하나로 분류하는 문제는 1000개의 후보 중 하나를 선택하는 문제입니다. 반면에 생성 문제에서는 모든 값을 열거하는 것이 도저히 불가능할 정도로 많은 종류들 중에서 올바른 값을 구하는 문제가 됩니다.

다음 예로, 고차원 공간은 단지 넓을 뿐만이 아니라 안쪽에서 바깥쪽으로 향함에 따라 압도적으로 넓어지는 기묘한 공간이라는 점을 살펴봅시다.

예를 들어 우리가 일상을 보내는 3차원 공간에서 지름 8 cm의 사과를 생각해봅시다(그림 8). 껍질의 두께가 0.2 cm라고 가정하면 사과의 총 부피에서 껍질이 차지하는 비율은 약 14%로 계산됩니다. 반면에 1000차원 공간에서 지름 8 cm, 껍질 두께 0.2 cm의 사과를 상상해보겠습니다. 이 경우 바깥쪽에 얇게 존재하는 껍질의 비율이 압도적이 되어 거의 100%(99.9...인데 9가 모두 22개)가 됩니다. 즉, 고차원 공간에 있는 사과는 같은 두께의 껍질을 가지고 있더라도 껍질이 부피의 대부분을 차지하게 됩니다. 그 정도로 바깥쪽으로 갈수록 공간이 압도적으로 넓어집니다.

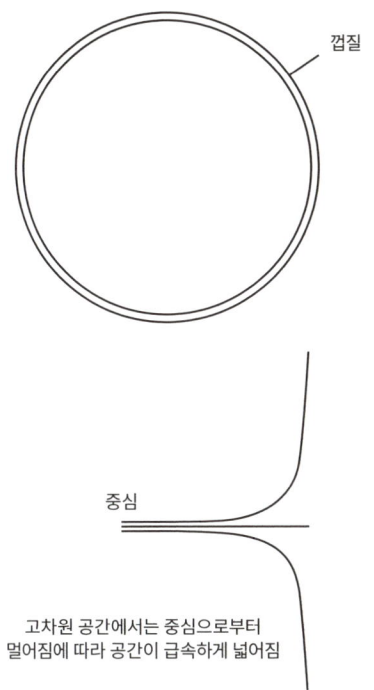

그림 8 위: 지름이 8 cm이고 껍질 두께가 0.2 cm인 사과의 경우(그림은 이 비율로 그려져 있음), 3차원 공간에서 껍질이 차지하는 부피는 사과 전체 부피의 14%. 아래: 이에 반해 1000차원 공간에서는 바깥쪽으로 멀어질수록 공간이 압도적으로 커지며, 껍질이 거의 100%(99.9...%인데 9가 22개)가 됨.

이렇듯 고차원의 공간은 도저히 모든 공간을 다 볼 수 없을 정도로 압도적으로 넓고, 중심에서 바깥으로 갈수록 급격하게 넓어집니다. 이것은 저차원에 살고 있는 우리에게는 기묘한 세계입니다. 생성 문제는 이 광대하고 기묘한 고차원 공간에서 생성될 데이터를 찾아내는 문제를 다루어야 합니다.

생성에는 올바른 출력이 하나만이 아님

머신러닝으로 생성 문제를 해결하기 어려운 두 번째 이유는, 생성에는 올바른 출력이라는 것에 다양성이 있다는 점을 들 수 있습니다. 분류와 생성 작업을 다시 비교해보겠습니다. 분류의 경우 올바른 값이 하나만 있습니다. 예를 들어 동물의 이미지가 주어지고 어떤 동물인지 분류하는 경우, 개 또는 고양이와 같은 하나의 정답만 있으며 하나의 이미지를 동시에 개 또는 고양이로 분류하지는 않습니다.

한편, 생성의 경우, 정답으로 생각할 수 있는 무수한 출력이 존재합니다(그림 9). 예를 들어 조건으로서 '여름 방학 중의 하루'라는 지시가 주어지고 그에 해당되는 이미지를 생성하는 문제를 생각해봅시다. 이 그림에 대한 정답은 셀 수 없이 많습니다. 예를 들어 바다에서 놀고 있는 사람의 그림일 수도 있고, 고향으로 돌아가고 있는 사람의 그림일 수도 있을 것입니다.

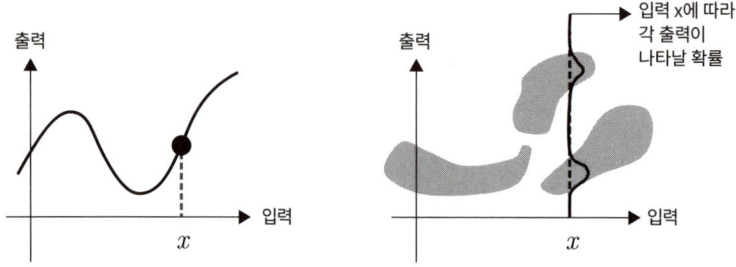

그림 9 왼쪽: 보통의 문제(분류/회귀)에서는 입력에 대해 하나의 올바른 출력이 있음. 오른쪽: 생성 문제에서는 입력에 대해 올바른 출력(회색 영역)이 무수히 존재함. 생성에서는 이들을 모두 출력할 수 있어야 함.

이렇게 생성 작업에는 하나의 입력에 대해 수많은 올바른 출력 후보가 있습니다. 이에 반해 일반적으로 예측에 사용되는 함수는 하나의 입력에 대해 하나의 출력만 할당할 수 있습니다. 따라서 이러한 함수를 그대로 사용해서는 생성 문제를 해결할 수 없습니다. 하나의 입력으로부터 무한한 수의 출력을 제공할 수 있는 함수를 만들어서 사용하게 됩니다.

또한 정답과 목표가 여러 개 있다는 사실은 학습과 평가에서 무엇이 정답이고 무엇이 학습 목표인지를 복잡하게 만듭니다. 예를 들어 평가를 위해서 입력에 대해 정답이 될 수 있는 그림들을 몇 개 정도 준비했다고 합시다. 그런 다음 AI가 그림을 생성했다고 가정합니다. 이때 AI가 생성한 그림과 올바른 그림이 일치하면 좋을 것입니다. 그러나 생성한 그림이 정답에 있는 그림과 딱 일치할 가능성은 일단 없을 것입니다. 게다가 일치하지 않는다고 해서 틀렸다고 단정할 수도 없습니다. 생성된 그림이 준비된 정답과는 다르지만 또 다른 정답이 되는 경우도 많이 있을 것입니다.

이상적으로는 정답이 될 수 있는 그림을 무한히 준비하고, 모델도 무한한 수의 그림을 생성해서 일치 여부를 확인할 수 있다면 좋을 것입니다. 그러나 현실적으로 정답 예제를 무한히 준비하고 생성도 무한히 하는 것은 비용과 계산 시간 측면에서 어렵습니다.

따라서 생성 작업에서는 하나의 값을 맞히도록 학습하는 것이 아니라, 무한한 수의 정답을 맞힐 수 있도록 학습해야 합니다.

다양체 가설: 저차원에 들어 있는 데이터

지금까지 설명한 문제들 때문에, 고차원 데이터 생성을 실현하는 것은 불가능해 보일 정도로 어렵습니다. 그러나 다행히도 현재 생성 대상이 되어 있는 데이터(이미지, 오디오, 비디오 등)는 몇 가지 조건을 만족시키는 덕분에 생성이 가능합니다. 그 조건들을 하나씩 소개하겠습니다.

첫 번째는 **다양체 가설**manifold hypothesis입니다. 세상에 존재하는 대부분의 데이터는 겉으로 보이는 차원 수보다 훨씬 적은 수의 **매개변수**로 나타낼 수 있는 공간에 분포되어 있는 것으로 생각됩니다. 매니폴드 가설이라고도 합니다.

얼굴 이미지를 예로 들어보겠습니다. 보는 방향이 약간 바뀌거나 조명이 약간 바뀌면 눈에 보이는 얼굴 이미지가 약간씩 변할 것[2]입니다. 이러한 변화는 픽셀 단위로 생각하면 매우 복잡한 변화가 됩니다. 그런데 이 변화는 매우 적은 수의 매개변수로 표현할 수 있습니다. 얼굴 방향의 변화가 원인이 되는 경우라면 방향을 표현하는 매개변수로 표현할 수 있으며, 조명이 원인이 된다면 조명의 위치, 종류, 강도로 표현할 수 있습니다. 또한 얼굴의 특징 자체도 우리가 상상하는 것보다 훨씬 적은 수의 매개변수로 표현될 수 있다는 것이 알려져 있습니다.

---

2 옮긴이 급격하게 바뀌는 지점 없이 미세하게 조금씩 변하는 것을, 수학적으로는 매끄럽게(smooth) 변한다고 정의합니다. 모든 지점에서 미분 가능하다(differentiable)고 설명할 수도 있습니다.

이렇게 보기보다 훨씬 적은 수의 매개변수로 표현되고, 그 값들 위에서 매끄럽게 변화하는 공간은 **다양체**라는 개념으로 설명할 수 있습니다. 다양체는 국소적으로는 평탄한 공간과 비슷하지만 거시적으로는 굽어 있는 공간을 가리킵니다.

예를 들어 지구의 표면은 2차원 다양체로 볼 수 있습니다. 지구상의 작은 영역만 보면 거의 평면처럼 보입니다. 그러나 지구 전체를 보면 곡면입니다. 따라서 다양체는 국소적으로는 평평한 공간 같지만 거시적으로는 더 복잡한 구조를 가집니다. 이와 마찬가지로, 생성 대상이 만들어지는 세계도 저차원의 다양체로 생각할 수 있습니다.

얼굴 이미지 데이터셋을 다시 생각해봅시다. 각 이미지는 매우 높은 차원의 공간에서의 데이터 포인트로 표현됩니다. 그러나 이러한 데이터 포인트의 집합은 더 높은 차원 공간에 내장된 '얼굴 다양체'라고 하는 저차원 다양체에 대응됩니다. 이 다양체상의 포인트가 고차원 공간의 포인트에 대응되며, 다양체를 약간 움직이면 그에 대응되는 얼굴 이미지도 약간 변화합니다(그림 10).

그림 10 얼굴 다양체의 예. 얼굴 이미지는 방향이라는 매개변수를 통해 복잡한 생성 후보들을 커버할 수 있음. 이와 같이 생성의 대상이 되는 데이터들은 겉보기 차원 수(이 경우에는 이미지의 차원 수)보다 훨씬 적은 매개변수로 표현될 수 있는 것으로 생각되고 있음. "Auto-Encoding Variational Bayes"에서 인용.

고차원 공간에서 생성의 대상이 되는 데이터는 공간 전체의 극히 일부분에만 존재합니다. 마치 거품의 막과 같이 공간 중의 일부분에만 얇게 분포하고 있는 것입니다. 반면에 대응되는 저차원의 다양체는 속이 전부 채워져 있는데, 모든 위치에 전체 데이터가 꽉 차듯이 분포되어 있습니다(매개변수를 어떻게 변경하더라도 그에 대응되는 데이터가 존재). 여기서 유의해야 할 점은, 다양체상에서의 근접성과 원래 데이터 공간에서의 근접성이 일치하지 않는 경우도 있다는 점입니다. 예를 들어 얼굴 이미지 전체가 1픽셀 왼쪽으로 이동되었다고 합시다. 이 얼굴 이미지는 원본 이미지와 매우 유사하며 다양체상에서는 가깝게 존재하겠지만, 원래의 고차원 공간에서는 완전히 다른 위치에 있게 됩니다.

이렇게 다양체상에서는 원래의 정보가 매우 압축된 형태로 표현될 수 있습니다. 원래의 고차원 공간은 수백만 차원이지만, 다양체상에서는 조명의 조건, 얼굴의 방향 및 얼굴 유형 등을 고려하더라도 수백에서 수천 차원으로 정보를 표현할 수 있습니다.

이러한 다양체라는 새로운 공간에 분포된 데이터를 고려하여 다양체와 데이터 공간 간에 상호 변환할 수 있는 메커니즘이 있다면, 데이터의 생성이 가능하게 될 것입니다(그림 11).

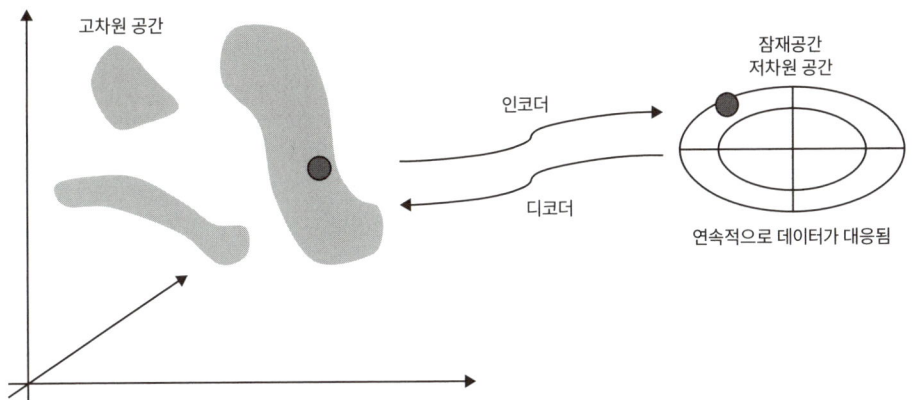

그림 11 다양체 가설에 따르면 세상에서 유용한 데이터는 겉보기 차원 수보다 훨씬 적은 차원 수를 가진 공간에서 표현될 수 있음. 원래 공간에서의 데이터를 인코더를 통해 잠재공간으로 투영projection하거나, 반대로 잠재공간에 있는 데이터를 디코더를 통해 원래 데이터로 복원할 수 있도록 하는 것이 생성 모델을 만들 때의 하나의 목표가 됨.

생성 모델의 주요 목표 중 하나는 이 다양체의 구조, 그리고 다양체와 데이터 공간 간의 변환 방법을 학습하는 것입니다. 즉, 생성 모델로서는 고차원 공간상의 데이터를 구성하는 다양체가 어떻게 분포되어 있는지 알아내고, 그 다양체로부터 새로운 데이터를 생성할 수 있게 되는 것이 중요합니다. 다양체를 잘 찾아낼 수 있다면 겉으로 보이는 고차원이 아닌 저차원 공간에서 데이터 생성 문제를 처리할 수 있게 됩니다.

이렇게 다양체는 고차원 데이터의 성질을 이해하고 생성 모델을 구현하는 데 있어 중요한 개념입니다.

대칭성: 변환에 대한 불변성이 존재하는 데이터

생성 문제를 해결 가능하게 하는 두 번째 중요한 점은 **대칭성**symmetry의 존재입니다.

세상은 대칭으로 가득 차 있습니다. 예를 들어 사람의 얼굴과 몸은 완벽하지 않지만 좌우대칭인 모양을 가지고 있습니다. 눈의 결정은 아름다운 육각형이나 십이각형 모양을 가지고 있습니다.

또한 대칭성은 이러한 형태나 겉모습에만 있는 것이 아닙니다. 보다 일반적으로 이야기하면, 어떤 변환이 적용되기 전과 후에 변화하지 않는 성질이 있는 경우에 그 변환에 대해 대칭성이 있다고 합니다.

예를 들어 좌우대칭이란 거울을 가운데 놓고 왼쪽 절반을 거울에 비추어서 오른쪽 절반을 만들어내더라도 모양이 바뀌지 않는 것을 의미합니다. 또한, 육각형에서의 대칭이란 중심을 축으로 해서 1/6만큼 회전시켜도 모양이 바뀌지 않는다는 것을 뜻합니다(그림 12).

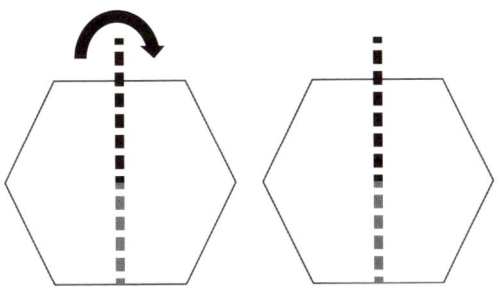

그림 12 대칭성이 있다는 것은 어떤 성질에 있어서 특정한 변환을 적용하더라도 성질이 불변이라는 것을 뜻함. 생성 방법을 학습하는 데도 대칭성을 고려함으로써 학습해야 하는 규칙이나 법칙을 극적으로 줄일 수 있음.

우리가 살고 있는 세계는 미시적이든 거시적이든 다양한 대칭성으로 가득 차 있습니다.

그리고 생성 대상이 되는 데이터에도 마찬가지로 많은 대칭성이 존재합니다. 예를 들어 이미지 데이터는 세로 및 가로로 움직이더라도 이미지가 나타내는 의미가 바뀌는 것은 아닙니다. 이를 평행 이동 대칭성이 있다고 합니다. 또한 위성 이미지 등에서는 이미지를 회전시키더라도 의미는 바뀌지 않습니다. 이를 두고 회전 대칭성이 있다고 합니다. 음성의 파형 데이터는 시간을 앞뒤로 이동해도 의미는 변하지 않습니다. 이를 시간 이동 대칭성(불변성invariance)[3]이 있다고 합니다.

---

3 〔옮긴이〕 엄밀하게는 대칭성, 동변성, 불변성을 구분해서 사용해야 하지만, 저자는 쉬운 설명을 위해서 혼용하였습니다.

화합물 데이터나 점군point cloud 데이터(형상을 나타냄)의 경우, 좌표축을 어떻게 잡는가에 관계없이 그 데이터가 갖는 의미는 바뀌지 않습니다. 이 경우에도 데이터에 평행 이동 및 회전 불변성이 있다고 할 수 있습니다.

이러한 생성 대상 데이터가 가지는 대칭성은 생성될 후보 종류의 수를 극적으로 줄여 줌으로써, 탐색할 데이터의 바다를 크게 좁히는 데 도움이 될 수 있습니다.

예를 들어 이미지 생성에 있어서 어떤 위치에서 생성하는 방법이 학습되면, 그것을 평행 이동시킨 경우를 하나하나 학습할 필요는 없는 것입니다. 그것들은 같은 대상을 단지 이동만 시킨 것으로 학습시키면 될 것입니다.

자연계에서 보이는 데이터는 이러한 대칭성으로 가득 차 있으며, 사람이 느끼지 못하는 대칭성도 수없이 많습니다. 생성하려는 데이터에서 대칭성이 보인다면 학습해야 하는 규칙과 법칙의 수를 크게 줄일 수 있습니다.

구성성: 여러 부분의 조합으로 만들어지는 데이터

또한 세상에 존재하는 많은 데이터는 **구성성**compositionality을 가지고 있습니다. 구성성이라는 것은 전체가 단순한 부분들의 조합으로 만들어진다는 것을 뜻합니다. 예를 들어 이미지 데이터를 생각해보면, 그 속에 들어 있는 복수의 물체나 배경의 조합으로 이미지가 성립된다는 것을 알 수 있습니다. 또 그 물체들과 배경도 복수의 구성 요소들의 조합으로 만들어진다고 할 수 있을 것입니다.

예를 들어 이미지의 생성 방법을 학습하는 경우에, 달을 그리는 방법, 해안을 그리는 방법, 마을을 그리는 방법을 배우고, 이를 조합해서 마을 가까이의 해안에 달이 떠 있는 이미지를 생성할 수 있다는 것입니다.

조합의 수는 방대합니다. 100가지로부터 10가지를 골라내 조합하는 경우에는 17조 가지[4]의 방법이 있습니다. 구성성이 있기 때문에 그 방대한 가짓수를 일일이 암기할 필요 없이 수많은 변종을 효율적으로 학습할 수 있습니다.

이렇게 생성할 데이터에 구성성이 있는 경우, 만드는 방법을 학습할 때 문제를 부분으로 나누어서 각 부분을 생성하는 방법을 배우고, 이러한 부분들을 결합하는 방법을 배우면 됩니다. 매우 복잡한 데이터를 생성하는 방법을 배울 수 있게 되는 것입니다.

이렇게 생성하고자 하는 데이터가 다양체로서의 성질, 대칭성, 구성성 등을 가지고 있다면, 고차원 데이터일지라도 유한한 데이터로부터 생성 방법을 효율적으로 학습할 수 있습니다.

COLUMN 데이터가 가지는 특성은 사람이 제공하는 것인가, 아니면 스스로 학습하는 것인가?

우리 주변 세계에서 생성 대상이 되는 데이터가 가지는 특성으로서, 다양체로서의 성질, 대칭성, 구성성을 소개했습니다. 이러한 특징은 사람(AI 모델을 만드는 사람)에 의해 설계되고 도입될 수도 있고 AI 모델이 학습 과정에서 자체적으로 획득할 수도 있습니다. 특히 대칭성과 구성성은 사람에 의해 설계되고 도입되는 경우도 있지만, 모델이 학습 과정에서 자동으로 획득하는 경우가 많은 것으로 알려져 있습니다.

현재 생성 모델을 만드는 데 사용되는 **신경망**neural network이라는 모델은, 이러한 특성을 부여해서 설계되는 경우도 있고 모델 자체가 학습 과정에서 대칭성과 구성성을 이용하는 학습을 실현하는 경우도 있습니다.

4　[옮긴이] $C(100, 10) = 100! / 10!(100-10)! = 17310309456440$

요약

이 장에서는 생성 모델을 학습하기 어려운 이유로서, 생성 대상이 고차원 데이터이고 출력에 다양성이 있기 때문이라는 점을 설명했습니다. 이를 극복하기 위한 조건으로서, 데이터가 겉보기보다 적은 차원의 다양체에 담길 수 있고, 대칭성과 구성성을 가지고 있음을 보였습니다. 데이터가 가지는 이러한 성질들을 기계가 어떻게 획득해서 이용할 수 있을까요. 이에 대해서는 다음 장에서 생성형 AI의 역사를 통해 이야기하도록 하겠습니다.

CHAPTER 2

생성형 AI의 역사

AI를 이용해 데이터를 생성하려는 오랜 시도가 있어왔습니다. 생성이라는 것이 무엇인지, 무엇을 어떻게 학습하면 생성이 가능할지에 대해 조금씩 이해가 진전되어왔습니다. 이 장에서는 지난 수십 년 동안의 역사를 통해 생성형 AI가 어떻게 발전해왔는지 설명하겠습니다.

기억의 메커니즘

데이터를 생성하려는 첫 번째 시도는 인간 기억의 메커니즘을 재현하려는 데서 출발했습니다.

사람은 한번 보거나 들은 것을 머릿속에서 재현할 수 있습니다. 또한 이를 기반으로 새로운 상황을 상상할 수 있습니다. 예를 들어 달에 있는 토끼가 떡방아를 찧고 있는 모습을 머릿속으로 상상해보세요. 이런 상황을 한 번도 본 적이 없더라도 달, 토끼, 그리고 사람이 떡방아를 찧고 있는 과거의 기억들을 엮어 상상할 수 있습니다. 이처럼 무언가를 생성하려는 경우, 과거의 기억을 떠올리는 능력과 그 기억을 조작하는 능력이 필요합니다.

컴퓨터는 데이터를 정확하게 저장하는 데 능숙하며 한번 외우면 오류 없이 영원히 저장할 수 있습니다. 컴퓨터는 대량의 데이터를 정확하게 기억하는 점에 있어서는 사람보다 훨씬 우수하다고 할 수 있습니다.

하지만 기억한 것을 필요에 따라 떠올리는 능력이라면 어떨까요. 사람은 연상 기억을 잘 하는데, 이는 무언가에 대해 생각할 때 연관된 사물과 사건을 떠올릴 수 있음을 의미합니다. 기억은 개별적으로 저장되지 않고 네트워크와 같은 방식으로 서로 연결되어 있습니다. 그리고 특정 자극에 의해 촉발되어 관련 정보를 떠올리는 메커니즘을 가지고 있습니다.

이렇듯 기억 능력이란 저장하는 능력뿐만 아니라 떠올리는 능력과 세트로 되어 있으며, 이 두 가지가 모두 가능해야만 과거의 기억을 자유롭게 다룰 수 있는 것입니다. 사람들이 무언가를 잊어버리는 경우, 기억 자체가 손실되는 경우뿐만이 아니라 그것을 떠올리는 방법을 잃어버렸기 때문인 경우도 많은 것으로 생각됩니다.

컴퓨터는 이렇게 자극에 반응하여 연관된 것들을 떠올릴 수 있는 메커니즘을 가지고 있지 못합니다. 미리 결정된 방법과 절차에 의해서만 데이터를 떠올릴 수 있습니다. 예를 들어 '운동회'라는 키워드는 사람들이 운동회와 관련된 다양한 기억(이미지, 소리, 넘어질 때의 아픔 등)을 떠올릴 수 있게 해주지만, 컴퓨터는 동일한 기억 메커니즘을 그대로 실현하지는 못합니다.

이징 모델에서 홉필드 네트워크로

컴퓨터가 사람과 같은 방식으로 입력 자극에 반응하여 관련 기억을 떠올리게 하는 메커니즘을 도입하려는 시도는 일찍부터 있었습니다. 이 목표를 달성하기 위해 사용된 것은 물리현상을 이해하기 위해 제안되었던 **이징**Ising **모델**입니다(그림 13).

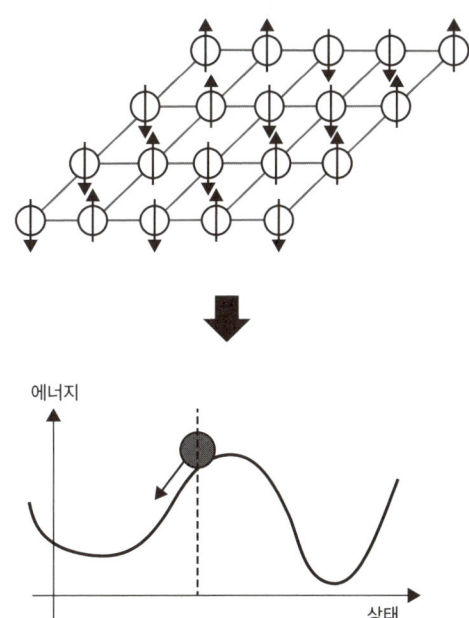

그림 13 위: 이징 모델에서는 입자마다 스핀이라는 상태가 있으며, 위 또는 아래의 두 가지 상태가 있음. 아래: 상태에 대응하여 이징 모델 전체의 에너지가 결정됨. 에너지가 낮은 상태가 되도록 자발적으로 변화함.

이징 모델은 1920년 독일의 물리학자 빌헬름 렌츠Wilhelm Lenz와 그의 제자 에른스트 이징Ernst Ising에 의해 고안되었습니다. 이징 모델은 결정구조와 같이 격자 형태로 배열된 많은 수의 입자를 다루는 모델입니다. 각 입자에는 스핀이라는 상태가 있으며, 이 상태는 위 또는 아래[1]일 수 있습니다. 이 모델에서 전체 에너지는 각 입자의 상태에 따라 정의됩니다. 인접하는 입자들의 방향이 정렬될수록(일치할수록)align 에너지가 낮아지며, 또 입자별로 어느 방향이 에너지가 낮은지가 정해져 있습니다. 이 둘의 합으로 전체 에너지가 정의됩니다.

이렇게 정의되는 에너지로부터 시작해서, 이징 모델에서 각 입자의 상태는 전체 에너지가 낮아지는 방향으로 자발적으로 변화합니다. 이때 각 입자들은 인접한 입자와 같은 방향이고자 하는 목표와, 입자별로 정해진 에너지가 더 낮은 방향이고자 하는 목표, 이 두 가지 목표에 따라 상태가 조정됩니다. 이징 모델은 실제의 물리현상을 단순화한 모

1 　옮긴이 혹은 '스핀 업'과 '스핀 다운'이라고 하기도 합니다.

델이지만, 물체의 상태가 급격히 변하는 현상인 상전이phase transition, 자성체 등 다양한 물리적 현상을 이해하는 데 사용할 수 있습니다.

이징 모델의 메커니즘과 신경망(책 마지막의 부록 참조)을 사용하여 기억을 다루려는 시도는 1971년 나카노 카오루中野 薫와 1972년 아마리 순이치甘利 俊—에 의해 처음 행해졌습니다. 1982년 존 홉필드John Hopfield에 의해 다시 제안되었고, 그 이론적 메커니즘이 해명되면서 큰 주목을 받았습니다(이 장 마지막의 '2024년 노벨상' 칼럼 참조). 이 네트워크를 현재는 **홉필드 네트워크**Hopfield network라고 부릅니다.

홉필드 신경망에서 각 뉴런은 이징 모델에서 입자의 역할을 하며, 뉴런의 상태는 데이터의 각 차원값에 대응됩니다. 그리고 이징 모델과 마찬가지로 전체 에너지는 뉴런 간의 상호작용과 각 뉴런의 상태에 따라 정의됩니다. 뉴런은 자발적으로 변화하여 전체 에너지가 낮아지도록 함으로써 더 낮은 에너지 상태에 도달하는 것을 목표로 합니다.

이징 모델과 홉필드 네트워크의 큰 차이점은 이징 모델에서는 입자 간의 상호작용과 입자별 선호 상태가 외부에서 정의되어 주어지는 반면, 홉필드 네트워크에서는 이것들이 매개변수로 학습에 의해 정해진다는 것입니다. 구체적으로는, 관측된 데이터에 대응되는 상태가 될 때 에너지가 낮아지도록 매개변수를 업데이트합니다(그림 14). 반대로, 관측되지 않은 데이터에 대응되는 상태의 에너지는 상대적으로 높아지도록 합니다. 이 업데이트는 **헤브의 법칙**Hebb's rule이라고 하는 업데이트 규칙에 따라 뉴런 간의 가중치를 바꿈으로써 달성됩니다.

그런 다음 새로운 데이터를 생성할 때는 뉴런의 상태를 적당히 랜덤하게 초기화한 후에 에너지가 낮아지도록 뉴런의 상태를 업데이트해감으로써, 학습 시에 보았던 종류의 데이터를 생성할 수 있습니다. 초깃값에 따라 에너지가 낮은 여러 다른 종류의 상태에 도달할 수 있으므로 학습 시에 본 다양한 데이터를 떠올릴 수 있습니다.

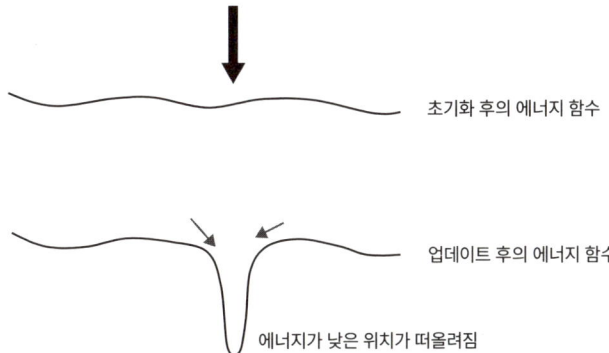

그림 14 기억을 저장하는 경우에는, 관측한 데이터의 에너지가 낮아지도록 업데이트됨. 에너지가 낮은 지점이 기억으로 떠올려지도록 상태를 업데이트해가면, 관측한 데이터를 떠올릴 수 있게 됨.

이 경우 학습 데이터와 정확히 똑같지는 않고 조금 다른 새 데이터가 생성됩니다. 이는 매개변수를 업데이트할 때, 다양한 다른 상태의 에너지도 동시에 낮아지기 때문입니다. 머신러닝의 일반화에서도 동일한 일이 일어나고 있습니다(책 마지막의 부록 참조).

또한 뇌 속의 신경망에서도 헤브의 법칙을 필두로 하는 홉필드 신경망의 학습 법칙과 유사한 현상이 관찰되고 있어서, 실제 뇌 속의 학습 법칙과 이러한 학습의 관계에 대한 연구가 활발히 이루어지고 있습니다.

홉필드 네트워크는 그 이후로도 발전해왔습니다. 처음에는 이징 모델과 같이 각 뉴런이 두 개의 값을 취하는 방법밖에 없었지만, 연속적인 값을 취하는 방법이 제안되기도 했고, 최근에 제안되고 있는 **모던 홉필드 네트워크**[2]는 에너지 함수를 고안하여 매우 많은 수의 저에너지 상태를 표현할 수 있어 대량의 기억이 가능합니다.

---

2 [옮긴이] Dense Associative Memories라고도 하며, 책 마지막에 수록한 참고 문헌 중 "Hopfield Networks is All You Need"를 비롯하여 관련 논문이 몇 편 있습니다.

에너지 기반 모델

홉필드 네트워크와 같이 에너지를 기반으로 하는 생성 모델은 이 책 전체에서 중요한 주제이므로 여기에서 더 자세히 설명하겠습니다. 이러한 모델을 **에너지 기반 모델**energy-based model이라고 부릅니다.

이 책에서 설명하는 에너지는 정확하게는 자유 에너지입니다(이 책에서 단순히 에너지라고 할 때는 자유 에너지를 의미합니다). 물리적 세계에서 시스템(고찰의 대상)의 에너지(내부 에너지라고 함)는 **자유 에너지**free energy와 그 밖의 에너지로 나눌 수 있습니다. 열역학 제2법칙에 의해 시스템의 자유 에너지는 감소하는 방향으로 자발적으로 변화합니다.

에너지로 인한 자발적인 변화는 다음 예를 생각하면 이해하기 쉽습니다(그림 15). 상태 공간이 수평 방향으로 펼쳐져 있고 에너지는 높이로 표현되는 지형을 생각해보세요. 공의 위치는 상태에 해당합니다. 이때 적당한 위치에 떨어진 공은 저절로 더 낮은 위치로 굴러가고 결국에는 주변보다 낮은 위치에서 멈출 것입니다. 이를 에너지 기반 모델의 개념을 이용해서 표현하자면, 적당히 초기화된 상태로부터 에너지가 더 낮아지도록 상태가 자발적으로 업데이트됨으로써 결국 주변보다 에너지가 낮은 상태에 도달하게 된다는 것입니다.

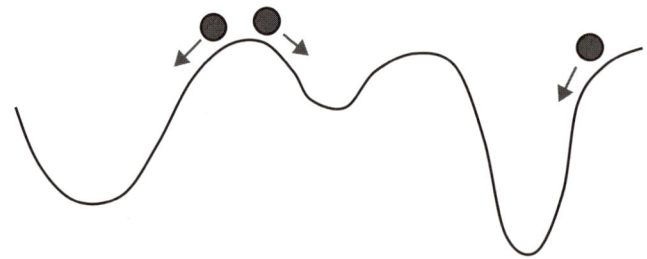

주위에 비해 낮은 위치는 각각 다른 기억에 대응됨
(예를 들면 개의 이미지 데이터를 기억한 경우에는, 각각 진돗개나 불도그 등에 해당)

그림 15 적당한 위치에 놓인 공은 에너지(높이)가 낮은 방향으로 자발적으로 굴러감. 주위에 비해 낮은 위치가 각 기억에 대응되고, 에너지가 낮아지는 방향으로 굴러가는 것이 '떠올리는' 것에 해당함.

에너지의 메커니즘을 이용한 생성 모델은 다음과 같이 실현됩니다. 위치를 입력하면 그에 해당하는 에너지의 값을 반환하는 에너지 함수를 준비합니다. 그리고 에너지 함수는 매개변수에 따라 함수의 형태를 변경할 수 있도록 합니다. 앞의 예제에서는 신경망이 에너지 함수를 나타내는 데 사용되며 신경망의 매개변수가 에너지 함수의 매개변수가 됩니다. 지금부터는 위치와 상태가 동일한 의미를 갖는 것으로 하겠습니다.

어떤 정보(상태)를 기억시키는 경우를 생각해보겠습니다. 이때 해당 위치의 에너지가 더 낮아지도록 에너지 함수를 업데이트합니다. 이것은 지형의 일부를 눌러서 움푹 들어가게 하는 작업에 해당합니다. 반대로 기억 대상이 아닌 위치는 상대적으로 높아지도록 업데이트됩니다. 이런 식으로 기억할 대상은 에너지가 낮은 위치에 있고 나머지는 높은 위치에 있도록 합니다.

이렇게 하면, 다음에 기억해낼 때는 에너지를 낮게 한 곳이 떠올려질 것입니다. 또한 에너지 함수는 매개변수로 표현된다고 설명했습니다. 이 경우 어떤 위치에서 에너지가 낮아지도록 매개변수를 업데이트하면, 수많은 다른 위치의 에너지값도 변경되면서 에너지가 더 낮아지거나 높아집니다. 이를 통해 학습 시에는 본 적이 없었던 듯한 데이터를 생성할 수 있게 되는 일반화로 이어질 것으로 기대됩니다.

공을 적당한 위치에 놓고 더 낮은 위치로 굴리면 공은 기억 대상의 상태에 도달합니다. 예를 들어 개의 이미지를 기억하도록 학습된 에너지 함수에서는, 에너지가 낮은 위치들에 각 개들의 이미지가 대응됩니다. 예를 들어 한 곳은 진돗개에 해당하고 다른 곳은 불도그에 대응됩니다. 그리고 어떤 개의 이미지를 떠올리게 될지는 어디에서 시작했는지에 따라 달라질 것입니다(그림 15).

자연스럽게 연상 기억을 실현하는 에너지 기반 모델

에너지 기반 모델의 큰 특징은 어떤 자극을 사용하여 다른 기억을 떠올리는 **연상 기억** associative memory 기능을 자연스럽게 얻을 수 있다는 것입니다.

예를 들어 개 이미지의 위쪽 절반만을 보고 아래쪽 절반을 보완하는 경우를 생각해봅시다(그림 16). 이 경우에 이미지의 위쪽 절반에 대응되는 뉴런을 실제 관측값으로 설정하고, 아래쪽 절반을 적당히 초기화합니다. 이미지를 보면 위쪽 절반은 개의 이미지, 아래쪽 절반은 모래 폭풍과 같은 이미지에 대응됩니다. 그런 다음 위쪽 절반의 뉴런값들은 고정시키고 아래쪽 절반의 뉴런만을 전체 에너지가 낮아지도록 업데이트해갑니다. 이때, 보완하는 아래쪽 이미지는 위쪽 절반과 조화를 이루는 이미지이면 에너지가 낮고 그렇지 않으면 에너지가 높아집니다. 이렇게 이미지의 위쪽 절반을 실마리로 해서 아래쪽 절반 이미지를 보완할 수 있는 것입니다. 일부의 상태를 기반으로, 그에 조화롭게 대응되는 나머지 상태를 에너지 함수를 사용하여 찾을 수 있습니다. 반대로 아래쪽 절반 이미지를 고정하고 위쪽을 보완하는 것도 가능합니다. 이러한 연상 기억은 바람직한 양방향성도 자연스럽게 달성할 수 있습니다.

위쪽 절반 이미지는 고정하고
아래쪽 절반 이미지(초기화 시점에는
모래 폭풍)를 업데이트

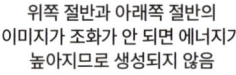

아래쪽 절반 이미지를 전체 에너지가
낮아지도록 업데이트

위쪽 절반과 아래쪽 절반의 이미지가
조화가 되면 에너지가 낮음

위쪽 절반과 아래쪽 절반의
이미지가 조화가 안 되면 에너지가
높아지므로 생성되지 않음

그림 16 에너지 기반 모델은 자연스럽게 연상 기억을 구현할 수 있음. 개 이미지의 위쪽 절반이 주어지면, 전체 에너지가 낮아지도록 업데이트해감으로써 아래쪽 절반 이미지를 추정할 수 있음. 위쪽 절반 이미지와 아래쪽 절반 이미지가 잘 어울릴수록 에너지가 낮아짐.

이러한 방식으로 에너지 함수를 정의하고 에너지가 낮은 영역과 기억을 대응시킴으로써, 다양한 연상 기억을 자연스럽게 실현할 수 있습니다. 예를 들어 한 쌍의 텍스트와 이미지에 에너지를 할당하는 것을 생각해봅시다. 실제로 관찰된 텍스트-이미지 쌍들에 대해서는 낮은 에너지를 가지도록 하고, 그 이외의 쌍들에 대해서는 높은 에너지를 갖도록 학습합니다. 이 경우에 텍스트 쪽은 관측값으로 고정하고 이미지 쪽은 적당히 초기화합니다. 그런 다음 에너지가 낮아지는 이미지의 상태를 찾아냄으로써 텍스트에 대응되는 이미지를 생성할 수 있습니다. 에너지 기반 모델은 이러한 방식으로 자연스럽게 연상 기억을 실현할 수 있습니다. 고정하는 쪽을 생성 조건으로 본다면, 조건부 생성이 실현되는 것입니다.

에너지 기반 모델은 생성 모델로서 주목받고 있으며, 홉필드 네트워크 외에도 볼츠만 머신Boltzmann machine, 빌리프 네트워크belief network 등 다양한 방법이 등장했습니다.

에너지와 확률의 상관관계: 볼츠만 분포

에너지는 확률과도 밀접한 관련이 있습니다. 물리 세계[3]에서 에너지와 확률은 **볼츠만 분포**Boltzmann distribution에 의해 서로 변환될 수 있습니다.

물리 세계에서 물체는 무한한 수의 입자로 구성되며 각 입자는 각기 다른 상태와 에너지를 갖습니다. 예를 들어 기체의 일부 분자는 고속으로 움직이거나 회전하며 높은 에너지를 갖는 반면, 다른 입자는 거의 정지해 있고 에너지가 낮습니다. 이처럼 입자마다 에너지가 제각각이므로 상온에서도 물속에 있는 물 분자들 중에서 에너지가 높은 것은 증발할 수 있게 되는 것입니다.

집단 속의 입자 에너지의 분포는 볼츠만 분포라고 하는 분포에 의해 잘 근사화될 수 있다고 알려져 있습니다. 이 분포는 고온이고 밀도가 낮은 입자 집합의 분포를 잘 나타낼 수 있습니다. 여기서는 수식은 사용하지 않겠지만 그 특징을 소개하겠습니다. 첫 번째로 볼츠만 분포에서는 에너지가 낮을수록 확률이 커지고, 반대로 에너지가 높을수록 확률이 작아집니다. 둘째로 온도가 상승하면 확률분포가 균일분포에 가까워지고, 반대로 온도가 내려가면 에너지가 가장 낮은 상태만이 확률 1에 가까운 값을 갖는 분포가 됩니다.

---

[3] 옮긴이 이 책에서 '물리 세계'의 의미는 '물리학의 이론과 수식으로 표현한 세계'에 가까운 뜻입니다.

볼츠만 분포는 신경망에서 출력을 확률분포로 변환하는 함수(**소프트맥스**softmax **함수**)로도 널리 알려져 있습니다. 이 경우에는 주어진 출력값을 음의 에너지negative logit로 간주[4]해서 확률분포로 변환하게 됩니다.

랑주뱅 몬테카를로 방법의 원리

볼츠만 분포라고 하는 이 확률분포가 에너지 함수와 어떻게 관련되어 있는지 더 잘 이해하기 위해, 주어진 에너지 함수에서 그 볼츠만 분포에 따라 데이터를 샘플링하는 방법을 소개합니다.

앞서와 마찬가지로 에너지를 높이로, 상태를 공의 위치로 생각하고, 공을 굴리는 것을 생각해봅시다(그림 17). 다만 굴릴 때 항상 랜덤한 방향으로부터도 공에 힘이 가해지는 상황을 추가로 가정합니다. 이 외력은 온도가 높을수록 강해진다고 합시다.

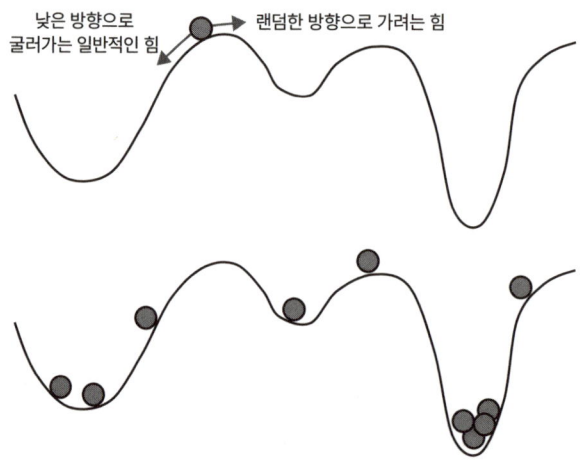

그림 17 공이 굴러갈 때 공에 랜덤한 방향으로 외력이 가해짐. 이때 충분한 시간이 지난 후에 볼이 어느 위치에 있을지의 확률은 볼츠만 분포를 따름. 이렇게 데이터를 볼츠만 분포에 따라 샘플링하는 방법을 랑주뱅 몬테카를로 방법이라고 함.

---

[4] [옮긴이] 소프트맥스 레이어 직전의 값을 '음수 부호가 붙은 에너지값'으로 볼 수 있다는 뜻입니다. 이렇게 해야 '에너지가 낮을수록 확률이 커질' 수 있습니다.

이때 공은 낮은 방향으로 굴러가지만, 반드시 가장 낮은 위치에 멈추는 것은 아니며 외부로부터의 랜덤한 힘으로 인해 끊임없이 흔들립니다. 결과적으로 공이 조금 더 높은 곳에 멈출 수도 있습니다. 또는 주위의 높은 벽을 넘어갈 수도 있습니다.

온도가 낮으면 외력이 작아져서 에너지가 낮은 상태에 머물기 쉽습니다. 반면에 온도가 높으면 때때로 고에너지 상태에 가 있을 수 있습니다.

이때 공이 계속 굴러서 충분한 시간이 지난 후에 어디에 있을지에 대한 확률은 볼츠만 분포를 따른다는 것을 보일 수 있습니다. 이렇게 볼츠만 분포에 따라 데이터를 샘플링하는 방법을 **랑주뱅 몬테카를로**Langevin-Monte Carlo **방법**이라고 합니다.

정리하면, 각 상태/데이터에 에너지가 할당되어 있을 때 볼츠만 분포를 사용하여 해당 에너지를 확률분포로 변환할 수 있습니다. 반대로 확률분포를 에너지로 변환할 수도 있습니다. 에너지는 높이를 나타내며, 상태는 에너지가 낮아지는 방향, 즉 공이 경사면을 굴러 내려가는 것처럼 낮은 방향으로 떨어집니다. 에너지가 낮을수록 상태의 확률이 높으므로 나타날 가능성이 높아집니다.

에너지 기반 모델의 치명적인 문제

에너지 기반 모델은 기억, 특히 연상 기억을 자연스럽게 처리할 수 있으므로 생성 모델로 유망하다고 생각되어왔습니다. 그러나 유감스럽게도 그대로 사용하기에는 몇 가지 치명적인 문제가 있습니다. 주요 문제점들을 설명하겠습니다.

첫 번째 문제는 샘플링, 즉 생성이 매우 느리다는 것입니다. 앞서 설명했듯이 에너지가 주어지면 랑주뱅 몬테카를로 방법을 사용하여 샘플링할 수 있지만 충분한 스텝 수를 거치지 않으면 제대로 된 샘플링이 되지 않습니다. 예를 들어 일련의 작은 굴곡들이 있는 평면에 깊은 구멍이 하나만 있는 경우 공을 랜덤하게 움직여서 이 깊은 구멍에 빠지게 하려면 매우 오랜 시간이 걸립니다. 또한 확률이 낮은(고에너지) 영역을 넘어가려면 매우 많은 스텝이 필요합니다. 이렇게 복잡한 데이터 분포를 다루는 에너지 함수는 분포 곡면이 복잡해지므로 확률분포에 따라 샘플링하는 데 매우 오랜 시간이 걸립니다.

두 번째 문제는 학습 속도가 매우 느리다는 것입니다. 학습에서는 관찰된 상태에 해당하는 위치의 에너지가 낮아지고 그 외의 위치의 에너지가 상대적으로 높아지도록 매개변수가 업데이트됩니다. 특히 후자의 경우 관찰되지 않은 위치의 에너지가 높아지는지 보장하려면 매개변수가 변경될 때 모든 위치의 에너지가 어떻게 변하는지 파악해야 합니다. 고차원 공간은 너무 넓기 때문에 모든 위치에서 에너지 변화를 파악하는 것은 어렵습니다. 따라서 한 위치의 에너지를 낮출 때 확인되지 않은 수많은 다른 위치의 에너지가 의도하지 않은 방식으로 변경될 수 있습니다.

이러한 문제들 때문에 에너지 기반 모델은 이론적으로는 아름답지만, 대규모 학습 문제에 그대로 적용하기는 어렵다고 보고 있습니다.

COLUMN 현실 세계는 거대한 시뮬레이터

현실 세계의 입자 에너지 분포는 볼츠만 분포를 따른다고 설명했습니다.

예를 들어 무게가 1 g인 물에는 1 뒤에 0이 22개 붙을 정도로 엄청난 수의 물 분자가 들어 있습니다. 또한 이러한 물 분자는 1초 사이에도 다양한 상태를 취할 수 있습니다. 따라서 하나의 분자에 대해서는 매우 낮은 확률로 일어나는 현상이라도, 거시적인 관점에서는 (물 분자의 수와 가능한 상태의 수가 모두 엄청나므로) 충분한 확률로 일어나게 됩니다.

바꾸어 말하자면, 현실 세계는 매우 크고 성능이 뛰어난 시뮬레이터라고 할 수 있다는 것입니다. 오늘날 가장 강력한 컴퓨터로도 도저히 실현할 수 없는 엄청난 양의 시뮬레이션이 일어나는 셈입니다. 컴퓨터가 할 수 있는 일은 현실 세계의 극히 일부분을 근사하는 것뿐입니다. 따라서 컴퓨터에서는 현실 세계와는 달리 소위 다양한 트릭을 사용해서, 좀처럼 일어나지 않는 현상을 의도적으로 일으킬 필요가 있습니다.

이 책에서 소개하는 확산 모델도 그런 트릭을 실현하는 방법이라고 할 수 있습니다. 에너지 기반 모델을 그대로 사용하면 시간이 매우 많이 걸리는 문제를, 확산 모델이라는 기술을 사용하여 고속으로 해결할 수 있게 됩니다.

공간 전체의 정보를 지배하는 분배함수

에너지 기반 모델은 볼츠만 분포라고 하는 확률분포로 변환할 수 있다고 설명했습니다.

확률분포를 복습해봅시다. 확률분포란 가능한 각 이벤트(사건)에 0 이상의 확률을 할당하는 것입니다. 그리고 모든 이벤트에 할당된 확률의 합은 정확히 1이어야 합니다. 예를 들어 주사위를 굴려 무엇이 나올지를 나타내는 경우는 확률이 1/6인 확률분포입니다. 또, 내일 날씨가 맑음, 흐림, 비일 확률은 예를 들면 각각 1/2, 1/3, 1/6과 같은 확률분포가 될 것입니다.

각 이벤트에 확률을 적당히 대강 할당해버리면 합계가 1이 되지 않을 수 있습니다. 적당히 할당해서 만든 분포가 확률분포가 되게 하려면, 각 값을 총합으로 나눔으로써 그 합이 1이 되도록 해야 합니다. 예를 들어 '맑음', '흐림', '비'의 세 가지 상태에 확률을 할당할 때 0.7, 0.6, 0.3과 같이 적당히 값들을 주어버리면 이 값들의 합이 1.6이 되어서 1을 넘어가므로, 올바른 확률분포가 아니게 됩니다. 올바른 확률분포를 만들기 위해서는 처음에 할당된 각 값들을 그 합계인 1.6으로 나누면 됩니다(맑음: 0.4375, 흐림: 0.375, 비: 0.1875가 됨).

이 케이스와 유사하게, 각 에너지에 의해 결정되는 각 상태의 가상 확률을 비정규화된 확률이라고 부르겠습니다. 볼츠만 분포를 기반으로 확률분포를 구할 때는 모든 상태의 비정규화된 확률의 합을 구해서 비정규화된 확률들을 그 합으로 나누어야 합니다. 이 비정규화된 확률의 합을 **분배함수**partition function(또는 상태 합)라고 합니다(그림 18).

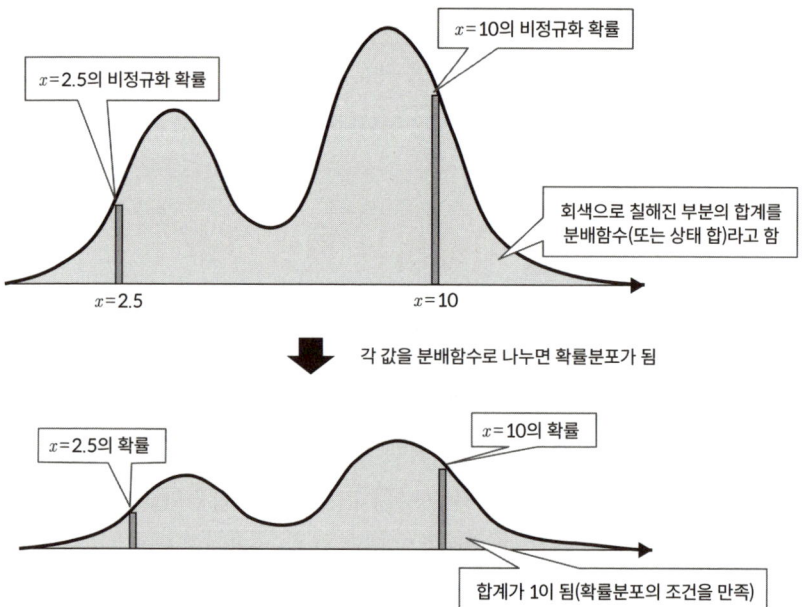

그림 18 모든 상태의 비정규화 확률의 합을 계산하는 함수를 분배함수(또는 상태 합)라고 함. 이 비정규화 확률값들을 분배함수로 나눈 값을 그 상태의 확률로 사용할 수 있음(합계가 1이므로).

앞서의 날씨 확률 예에서는 총합 1.6이 분배함수가 됩니다.

이런 식으로 에너지 함수를 확률분포로 변환하려면 분배함수를 구해야 합니다.

그러나 고차원 공간에서는 상태의 종류가 엄청난 수를 가지기 때문에 모든 상태의 비정규화 확률을 나열해서 총합을 구하는 것이 기본적으로 불가능합니다. 이렇게 분배함수를 효율적으로 구할 수 없다는 것이 고차원 데이터에 대한 확률분포를 설계하는 것이 어려운 이유입니다.

에너지 기반 모델의 학습이 느린 문제도 분배함수를 구하기 어렵다는 점과 직접적인 관련이 있습니다. 한 위치의 에너지를 낮추는 것이 다른 모든 위치의 에너지에 어떤 영향을 미치는지 파악하는 문제는 분배함수의 계산과 직접 관련되어 있습니다.

전체 공간의 정보를 모르더라도 고차원 공간에서의 확률분포를 설계할 수 있는 방법이 필요합니다. 그것이 바로 다음 장에서부터 설명할 플로를 사용하는 생성입니다. 그러나 그보다 먼저 또 하나의 중요한 개념인 잠재변수 모델을 살펴보겠습니다.

숨겨진 정보로부터 생성되는 데이터

잠재변수 모델latent variable model이란, 데이터가 생성될 때 바로 생성되는 것이 아니라 먼저 **잠재변수**가 생성된 다음, 그 잠재변수를 기반으로 데이터가 생성되는 메커니즘을 갖는 생성 모델입니다.

데이터는 관측할 수 있는 변수이기 때문에 **관측변수**(값)라고 합니다. 반면에 잠재변수는 데이터로부터는 직접 관측할 수 없지만 잠재적으로 존재하기 때문에 잠재변수라고 불립니다.

예를 들어 손으로 쓴 스타일의 숫자를 이미지 데이터로 생성하는 경우를 생각해봅시다(그림 19). 이 경우 잠재변수 모델에서는 먼저 잠재변수로서 숫자의 종류와 그 스타일을 생성하고, 이 정보를 기반으로 관측변수가 될 손으로 쓴 숫자 이미지 데이터를 생성하는 방식이 됩니다. 카메라로 촬영한 이미지의 경우에는 카메라의 위치와 자세, 조명 조건, 촬영 대상의 종류와 속성 등이 잠재변수가 되며, 이를 기반으로 관측변수가 될 이미지를 생성합니다. 문장의 경우에는 문장을 쓰는 사람이 어떤 사람인지와 문서의 주제 종류 등이 잠재변수가 될 것이고, 실제 문장이 관측변수가 됩니다.

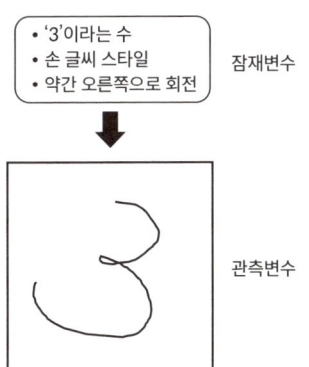

그림 19 잠재변수 모델에서는 데이터가 생성될 때 데이터가 직접 생성되는 것이 아니라, 잠재변수를 먼저 생성한 후에 그 잠재변수를 기반으로 데이터를 생성한다고 봄.

이와 같이 잠재변수는 대상 데이터 전체의 의미를 나타냄과 동시에 그것을 요약한 정보입니다. 또한 잠재변수 데이터를 조금씩 변화시키면 관측변수도 변화한다고 생각할 수 있습니다. 잠재변수는 다양체 가설에서 이야기하는 고차원 데이터 공간 중에 들어 있는 저차원 다양체에 해당합니다. 잠재변수 모델은 다양체 가설을 구체적으로 이용하는 생성 모델이라고 할 수 있습니다.

잠재변수는 계층적으로 구성될 수도 있습니다. 먼저 가장 일반적인 정보를 포착하는 잠재변수가 생성된 다음 이 잠재변수를 기반으로 좀 더 자세한 정보를 나타내는 잠재변수가 생성됩니다. 이 과정이 반복되면서 최종적인 관측변수를 생성하는 생성 모델을 생각할 수 있습니다.

잠재변수 모델로서의 생성 모델을 고려할 때의 문제는 잠재변수가 데이터로 주어지지 않는다는 것입니다. 이 데이터가 생성되었을 때의 잠재변수의 값도 학습 데이터의 일부로 제공되면 좋겠지만, 알 수 없는 경우가 일반적입니다. 어떻게 하면 관측 데이터만으로 잠재변수 모델을 학습할 수 있을까요?

생성을 위해서는 인식이 필요

1995년, 피터 다얀Peter Dayan과 제프리 힌턴Geoffrey Hinton은 잠재변수 모델을 기반으로 하는 생성 모델을 실현하기 위해 **헬름홀츠 머신**Helmholtz machine이라는 생성 모델을 제안했습니다(이 장 마지막의 '2024년 노벨상' 칼럼 참조). 이 명칭은 이 방법이 **헬름홀츠 에너지**를 따른다는 사실에서 유래했습니다. 헬름홀츠 에너지는 열역학에서 유래한 자유 에너지를 의미합니다.

헬름홀츠 머신은 데이터로부터 그것을 생성했을 잠재변수를 추정하는 **인식 모델** recognition model과, 잠재변수로부터 데이터를 생성하는 **생성 모델**generative model을 함께 번갈아 상호작용하며 학습하는 아이디어를 도입했습니다(그림 20). 생성 모델과 인식 모델은 각각 별도의 신경망으로 구성됩니다.

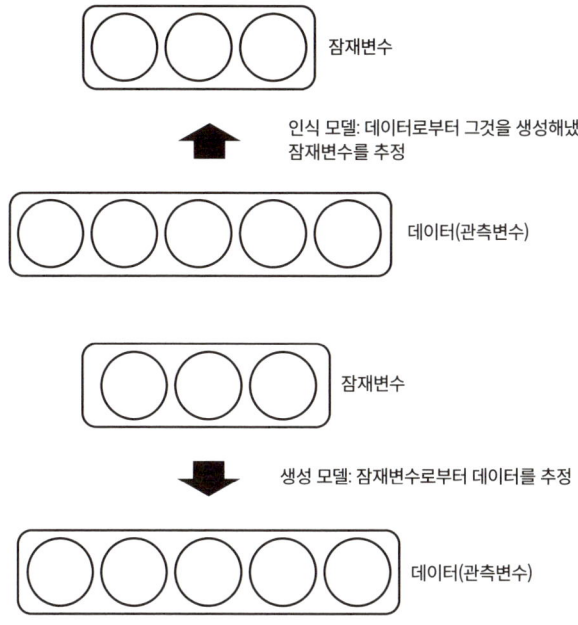

그림 20 헬름홀츠 머신에서는 데이터로부터 잠재변수를 추정하는 인식 모델의 학습과, 잠재변수로부터 데이터를 추정하는 생성 모델의 학습을 번갈아 진행함.

이 모델에서는 최초에 인식 모델과 생성 모델 모두 적당히 랜덤하게 초기화되므로, 잠재변수도 랜덤하게밖에 추정할 수 없습니다. 그러나 학습이 진행되면서 서서히 의미 있는 잠재변수를 추정할 수 있게 됩니다. 인식 모델은 지금의 데이터의 잠재변수를 더 잘 추정할 수 있도록 학습되고, 생성 모델 또한 이 더 잘 추정된 잠재변수를 사용하여 더 잘 생성하는 방법을 학습하게 됩니다. 인식 모델은 실제로 생성할 때에는 사용하지 않고, 생성 작업의 학습을 도와주는 용도로만 사용합니다.

예를 들어 동물의 이미지를 생성하는 방법을 학습할 때 인식 모델은 먼저 동물이 개인지 고양이인지, 그리고 어느 방향을 향하고 있는지를 학습합니다. 생성 모델은 인식 모델에 의해 추정된 잠재변수를 기반으로 '왼쪽을 향한 개'라는 조건에 따라 왼쪽을 향한 개의 이미지를 생성하는 방법을 학습합니다.

생성을 학습하기 위해 생성 모델뿐만 아니라 인식 모델도 동시에 학습시킨다는 아이디어는 중요한 발견이었습니다.

변분 오토인코더(VAE)

헬름홀츠 머신은 흥미로운 방법이었지만 손으로 쓴 숫자와 같은 간단한 데이터를 생성하는 정도에 머물렀습니다.

이러한 잠재변수 모델을 발전시켜서 고차원 이미지 데이터를 생성할 수 있도록 한 것이 **변분 오토인코더**입니다. 2013년 말에 디데릭 킹마Diederik P. Kingma와 막스 벨링Max Welling이 제안했습니다. 변분 오토인코더는 영어로 variational autoencoder라고 하며, 약자로 VAE라고도 합니다.

VAE는 헬름홀츠 머신과 마찬가지로 신경망을 이용한 인식 모델과 생성 모델로 구성됩니다. 마침 2013년 당시는 딥 러닝이라고 불리는 깊고 넓은 신경망을 사용하는 방법이 등장하기 시작했기 때문에 VAE는 그때까지보다 훨씬 더 큰 모델을 사용할 수 있었습니다.

또한 VAE는 **변분 베이지안**Variational Bayesian이라는 방법을 사용하여 학습 목표를 정하고 인식 모델과 생성 모델을 동시에 업데이트[5]합니다. 이 업데이트는 다음과 같이 유사[6] 오토인코더에 의한 학습으로 실현됩니다(그림 21).

---

5 옮긴이 동일한 목적함수를 사용해서 업데이트한다는 뜻입니다.
6 옮긴이 일반적인 오토인코더는 입력 데이터를 결정론적(deterministic)으로 인코딩하지만, VAE는 확률적(stochastic)으로 인코딩한다는 점에서 이런 표현이 사용되었습니다.

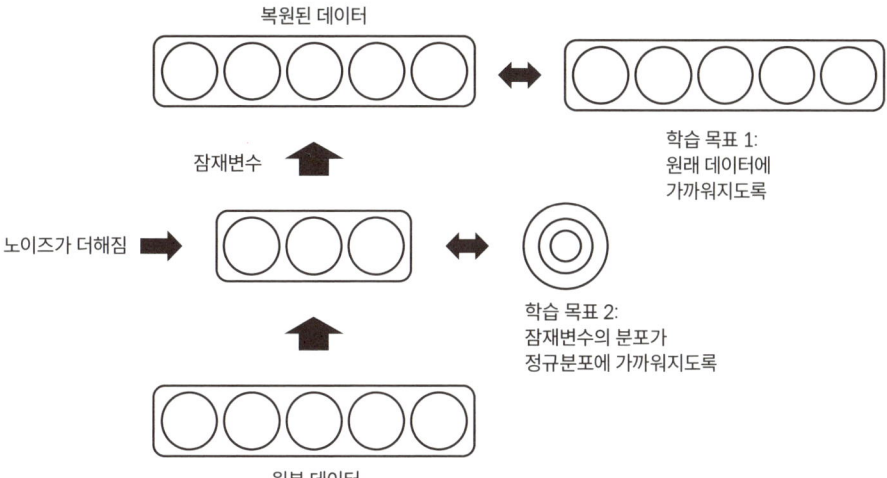

그림 21 변분 오토인코더의 학습에서는 인식 모델을 사용하여 데이터를 잠재변수로 변환하고 거기에 노이즈를 추가함. 그것을 생성 모델을 통해 데이터로 복원함. 복원된 데이터가 원래 데이터에 가까워지도록 하는 목표와, 잠재변수 분포가 정규분포에 가까워지도록 하는 두 가지 목표를 동시에 달성할 수 있도록, 생성 모델과 인식 모델을 동시에 업데이트해감.

먼저 인식 모델은 관측된 변수로부터 그것을 생성했을 잠재변수를 추정합니다. 다음으로, 추정된 잠재변수에 노이즈를 추가합니다. 그런 다음 생성 모델은 잠재변수로부터 관측변수를 생성합니다. 이렇게 특정 데이터를 한번 변환한 다음 원래대로 복원하는 모델을 **오토인코더**라고 합니다. VAE에서 인식 모델은 인코딩에 해당하고 생성 모델은 디코딩에 해당합니다.

오토인코더에서 잠재변수에 아무런 제약을 가하지 않는다면, 인코딩 모델은 관측변수를 잠재변수에 그대로 복사하고 디코딩 모델은 잠재변수를 그대로 출력하는 것이 최적의 결과가 되어버릴 것입니다. 이러한 방식으로 외우기를 하는 대신, 잠재변수의 차원 수를 줄여서 잠재변수가 정보를 요약하거나 추상화한 결과를 나타내도록 합니다. VAE에서는 잠재변수의 차원 수를 줄이는 것에 더해서, 노이즈를 더한 후에 원본으로 복원하는 목표까지 학습해야 합니다. 또한 잠재변수의 분포는 정규분포에 가까워져야 한다는 제약이 있는 상태로 학습됩니다.

생성할 때는 인식 모델은 사용하지 않고, 잠재변수를 정규분포에서 샘플링한 후 (잠재변수의 분포는 정규분포에 가깝도록 학습됨), 이 잠재변수를 기반으로 생성 모델이 데이터를 생성합니다.

VAE로 구한 잠재변수 공간은 다양체 가설이 의미하는 바대로 데이터 분포의 숨겨진 저차원 공간을 포착하는 데 성공한 것으로 나타났습니다. 잠재변수 공간에서 잠재변수를 조금씩 변화시키면, 예를 들어 사람 얼굴의 경우에 얼굴이 조금씩 변하거나 바라보는 방향이 바뀌는 현상이 발견되었습니다(그림 10 참조).

이렇게 데이터만을 사용해서 그 데이터 이면에 있는 **잠재공간**을 학습을 통해 포착할 수 있으며, 관측 공간에서 잠재공간으로의 변환(인식 모델)과 그 반대의 변환(생성 모델)도 학습에 의해 획득될 수 있다는 것이 밝혀졌습니다.

잠재변수 모델의 문제

VAE로 대규모 잠재변수 모델을 실현할 수 있었지만, 이를 대규모 학습에 적용하는 데는 여전히 어려움이 있습니다.

가장 큰 문제는 인식 모델을 학습시키기 어렵다는 것입니다. 인식 모델의 학습은 추정된 잠재변수로부터 데이터 생성이 잘되도록 학습됩니다. VAE는 또한 이를 노이즈를 추가한 오토인코딩 문제로 정의할 수 있다는 것을 보였습니다. 그러나 인식 모델이 잠재변수를 제대로 추정하지 못하는 경우, 생성 모델은 인식 모델이 추정한 잠재변수가 학습 중에 도움이 안 되므로 무시하게 되는 현상이 발생해버립니다. 이 현상을 **사후분포 붕괴**posterior collapse라고 합니다(인식 모델에 의한 잠재변수의 추정은 **사후분포**posterior의 추정인데, 그것이 붕괴되기 때문에 이러한 명칭이 붙여졌습니다). 이를 막는 것은 어렵습니다. 또한 인식 모델과 생성 모델을 동시에 학습시키는 것이 불안정합니다. 이러한 문제들로 인해 VAE를 대규모화하기가 어려웠습니다.

COLUMN 생성적 적대 신경망(GAN)

2014년, 이언 굿펠로Ian Goodfellow와 동료들은 **생성적 적대 신경망**generative adversarial network, GAN[7]이라는 방법을 제안했습니다. GAN은 **생성기**generator와 **판별기**discriminator를 경합시켜서 고품질 데이터를 생성할 수 있음을 보였습니다. 구체적으로 말하자면, 생성기는 원래 데이터와 유사한 데이터를 생성하고, 판별기는 주어진 데이터가 실제 데이터인지 생성된 데이터인지를 구별할 수 있도록 학습합니다. 판별기는 차이를 더 자세히 찾을 수 있게 되는 것을 목표로 하고, 반대로 생성기는 판별기가 구별할 수 없도록 생성하는 것을 학습합니다. 마치 라이벌 관계처럼 선의의 경쟁을 통해 잘 성장할 수 있다면 고품질의 데이터를 생성할 수 있게 됩니다.

GAN은 고품질 데이터 생성에 처음으로 성공했으며 널리 연구되었습니다. 그러나 학습이 불안정하다는 엔지니어링 이슈가 있어서 규모를 키우기가 어려웠습니다.

COLUMN 자기 회귀 모델

고차원 데이터의 확률분포를 다룰 때 분배함수의 계산이 문제가 된다는 것을 설명했습니다. 이 분배함수의 계산을 피하기 위해서는, 문제를 더 작은 문제로 분할해서, 즉 분배함수를 계산할 수 있는 크기로 나누어 각 문제를 풀 수 있도록 하면 됩니다.

이 접근 방식의 대표적인 예가 **자기 회귀 모델**autoregressive model입니다. 자기 회귀 모델은 다음과 같이 고차원 데이터를 분해합니다. 먼저 첫 번째 차원의 값을 생성합니다. 다음으로, 첫 번째 차원의 값을 조건으로 해서 다음 차원의 값을 생성합니다. 그리고 첫 번째 차원의 값과 그다음 차원의 값을 조건으로 해서 세 번째 차원의 값을 생성합니다. 이것을 모든 차원에 대해 반복해갑니다.

이렇게 함으로써, 각 차원의 생성 모델은 지금까지 생성된 차원의 값들을 조건으로 해

---

7   [옮긴이] '적대적 생성 신경망'으로 번역되는 경우도 있습니다.

서 다음 차원의 값을 생성하는 조건부 확률분포를 사용할 수 있게 됩니다. 이 경우 모든 차원들의 조합을 한 번에 고려하는 대신, 1차원씩의 분배함수만 다루면 되기 때문에 문제가 훨씬 간단해집니다.

현재의 대규모 언어 모델은 자기 회귀 모델을 사용합니다.[8]

이 자기 회귀 모델은 근사치가 아닌 올바른 확률분포를 추정할 수 있고 고차원 데이터를 효율적으로 처리할 수 있지만, 몇 가지 문제가 있습니다. 첫 번째 문제는 고차원 데이터를 분해하는 방법에 대해 매번 한 가지 경로만 학습하기 때문에, 데이터가 생성될 때도 학습 시에 사용했던 하나의 분해 방법으로 끌려간다는 것입니다. 두 번째 문제는 데이터를 생성할 때 각 차원을 하나씩 순서대로 생성해야 하므로 생성 속도가 느려진다는 것입니다.

오늘날의 컴퓨터는 병렬 계산을 매우 빠르게 할 수 있습니다. 반면에 순차적 계산(하나씩 순서대로 처리)은 상대적으로 느립니다. 자기 회귀 모델은 하나하나의 차원에 대한 값을 순서대로 생성하기 위해 순차적 계산이 필요합니다. 따라서 자기 회귀 모델에 의한 생성은 일반적으로 느려지기 쉽습니다. 현재의 대규모 언어 모델도 추론 시 이러한 순차적 처리가 필요해서 추론이 느린 경향이 있습니다.

COLUMN 2024년 노벨상

2024년 노벨상은 이 책과 관련된 많은 사람에게 수여되었습니다.

노벨 물리학상은 존 홉필드John Hopfield와 제프리 힌턴Geoffrey Hinton이 '인공 신경망을 사용하는 머신러닝을 가능하게 한 근본적인 발견과 발명'을 인정받아 수상했습니다.

이 장에서도 이야기했듯이, 홉필드는 물리 모델과 연상 기억을 연결하여 홉필드 네트워크를 제안했습니다. 최초의 아이디어는 아닐 수 있지만 연상 기억과 관련된 본질만을 남기는 모델링을 함으로써 인공지능 분야의 후속 연구에 큰 영향을 미쳤습니다. 또한 이러

---

8 옮긴이 하나의 토큰을 하나의 차원으로 보는 설명입니다.

한 모델들은 이 책에서 다루는 생성 모델뿐만 아니라 오류 정정 코드, 무선 통신, 정보 통계역학 등의 분야에서도 크게 발전하였습니다.

한편, 힌턴은 홉필드 네트워크를 기반으로 통계 물리학 및 확률 이론과 결합된 볼츠만 머신(이 책에서는 자세히 소개하지 않음)을 제안했습니다. 또한 그는 신경망 분야에서 일일이 열거하기 어려울 정도로 많은 업적을 이뤄냄과 동시에, 많은 후학을 육성하는 데에도 큰 공헌을 했습니다.

노벨 화학상 수상자 3명 중 2명은 '단백질 구조 예측'이라는 업적으로 수상한 구글 딥마인드Google DeepMind의 데미스 허사비스Demis Hassaabis와 존 점퍼John M. Jumper였습니다.

단백질 구조 예측은 단백질의 기능을 이해하는 데 매우 중요합니다. 특히 단백질 합성 기술의 발달로 새롭게 설계되는 미지의 단백질의 기능을 예측하는 데 없어서는 안 될 요소가 되었습니다.

최초의 알파폴드AlphaFold는 확산 모델이 아니었지만, 최신 알파폴드 3는 확산 모델을 사용하여 단백질의 구조뿐만 아니라 리간드ligand(특이적으로 결합하는 물질로서 약이 되기도 함), 항체, DNA, RNA 와의 결합 상태를 예측하는 것도 가능해졌습니다.

이번 노벨상 수상은 AI가 과학기술의 발전을 촉진했을 뿐만 아니라, 그 자체가 과학기술의 중요한 분야로 인식되고 있음을 상징적으로 보여주었다고도 할 수 있습니다. 또한 기존 학문 분야의 경계를 넘는 관점을 가지고 분야를 넘어 지식을 융합하는 것이 어떻게 혁신적인 발견으로 이어지는지를 보여준 사례라고 할 수 있습니다.

요약

이 장에서는 생성 모델, 특히 에너지 기반 모델과 잠재변수 모델을 소개했습니다.

자극에 대한 반응으로 기억을 불러오는 연상 기억은, 에너지 기반 모델에 의해 에너지가 작아지도록 상태가 자발적으로 바뀌는 메커니즘으로 실현된다고 설명했습니다. 그러나 학습과 추론이 느리다는 문제가 있었습니다.

잠재변수 모델은 데이터를 직접 생성하지 않고, 먼저 자료의 추상적 의미에 해당하는 잠재변수를 생성하고, 그 잠재변수를 기반으로 데이터(관측변수)를 생성하는 모델입니다. 이를 위해 데이터에서 잠재변수를 추정하는 인식 모델도 동시에 학습된다는 점을 설명했습니다.

그러나 잠재변수 모델은 인식 모델을 학습시키기 어려워서 유효한 잠재변수를 얻기가 쉽지 않았습니다.

이러한 문제들에 대한 해결책은 완전히 다른 아이디어로부터 등장합니다.

CHAPTER 3

플로를 사용하는 생성

이전 장에서는 생성형 AI가 생성하는 능력을 얻기 위해 지금까지 어떤 시도들이 있었는지 설명했습니다.

이 장에서부터는 이러한 시도들에서 태어난 접근 방식 중 하나인 **플로**flow를 이용한 생성 방법을 소개합니다. 플로 기반 생성 방법은 에너지 기반 모델과 잠재변수 모델의 특성을 겸비함과 동시에, 고차원 데이터의 생성 모델을 설계하는 데 뛰어난 특징을 가지고 있습니다.

먼저 플로가 무엇인지 설명하고, 그것을 사용하는 생성 모델이 왜 뛰어난지를 설명하겠습니다.

플로란

먼저 **플로**가 무엇인지 설명하겠습니다.

우리 주변에는 공기의 플로나 물의 플로와 같은 다양한 플로가 있습니다. 일반적으로 물질의 상태는 온도와 압력에 따라 고체, 액체, 기체의 세 가지 유형으로 분류되며, 플로는 그중 액체와 기체에서 볼 수 있습니다. 예를 들어 물이나 물을 가열하여 얻은 수

증기에는 플로가 있습니다. 플로에 의해 물질은 자유롭게 모양이 바뀌며 플로를 따라 움직일 수 있습니다.

플로에는 다양한 성질이 있지만 그중에서도 생성 모델을 다룰 때 특히 중요한 것이 '연속성'입니다. 연속성이란 물질이 이유 없이 갑자기 나타나거나 사라지지 않는 것, 물질이 움직일 때 갑자기 워프$_{warp}$[1]해서 다른 위치에 출현한다거나 하지 않는 것을 의미합니다.

예를 들어 물이 강과 같은 곳에서 흘러서 움직이는 경우를 생각해봅시다(그림 22). 어떤 위치에 있는 물을 생각해보면, 이 물은 일정 시간이 지나면 플로에 따라 다른 위치로 이동하게 됩니다. 이때 경과 시간이 짧을수록 물의 이동 거리가 짧아지고, 경과 시간이 0이 되면 원래 위치와 같아질 것입니다. 당연한 이야기를 하는 것 같겠지만 이것이 '연속성'의 정의입니다. 반대로 연속성이 없고 어느 순간 물이 다른 위치로 워프하는 것 같은 일이 있다면, 워프 직전의 원래 위치와 이동 후의 위치는 경과 시간을 아무리 짧게 하더라도 원래 위치에 가까워질 수 없습니다.

연속성에 대한 이러한 논의는 그래프를 통해 시각적으로 더 쉽게 이해할 수 있습니다(그림 22 아래). 가로축이 시간, 세로축을 위치라고 할 때, 이 그래프가 연결되어 있다면 연속성이 있는 것이고 끊어져 있다면 연속성이 없는 것에 해당합니다.

---

[1] 옮긴이 엄밀하게는 '공간을 왜곡해서 빛보다 빨리 이동한다'는 뜻이지만, 순간적으로 다른 곳으로 이동한다는 의미로 이해하면 충분합니다.

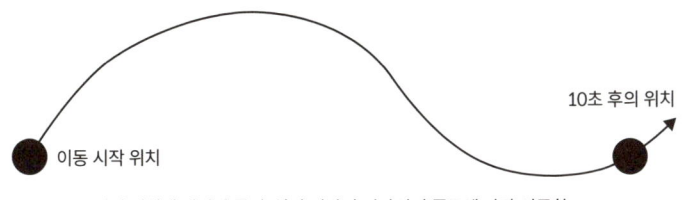

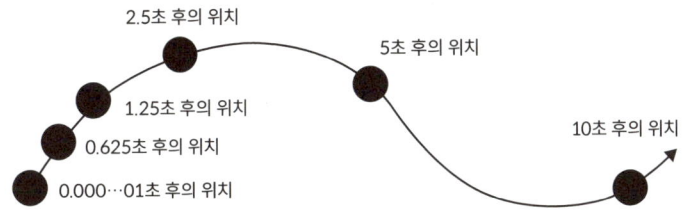

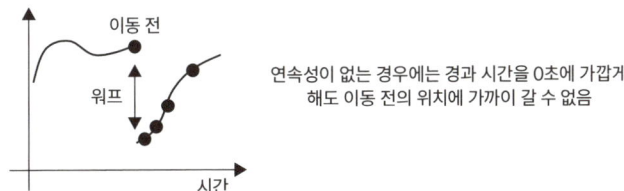

그림 22 플로의 중요한 성질은 연속성. 이는 물질이 움직일 때 이유 없이 갑자기 다른 장소로 워프하지 않는다는 것을 의미함. 연속성이 있는 경우는 이동 경과 시간을 짧게 할수록 이동 후의 위치가 반드시 이동 전의 위치에 가까워지지만, 연속성이 없는 경우에는 워프하는 순간은 이동 후의 위치가 이동 전의 위치로 가까이 갈 수 없음.

연속방정식: 물질은 갑자기 사라지거나 워프하지 않음

지금까지는 어떤 위치에 있는 물질이 어떻게 움직이는지에 대해 생각해보았지만, 이번에는 위치를 고정하고 그 위치에 있는 물질의 양의 변화에 주목해보겠습니다. 이때 그 위치에 있는 물질의 양이 줄어드는 경우에는 그 위치에 있던 물질이 주변으로 흘러 나감으로써 주변에 있는 물질의 양이 늘어납니다. 반대로 그 위치의 물질의 양이 늘어나는 경우에는 주변에서 그 위치로 물질이 유입됨으로써 주변에 있는 그 물질의 양은 줄어듭니다.

어떤 위치에서의 물질의 변화량과 그 위치에서 주변으로의 유출 또는 유입량 사이의 관계가 항상 맞아떨어지도록 표현하는 수학 방정식을 **연속방정식**continuity equation이라고 합니다(그림 23).

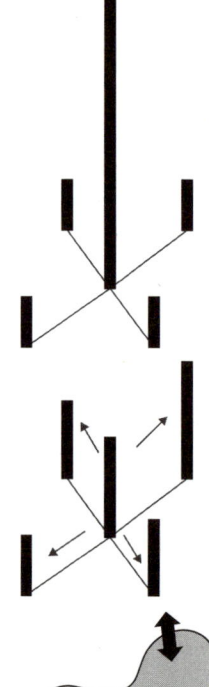

봉의 높이는 그 위치의 물질의 양을 나타냄(이 예에서는 간략하게 표현하기 위해 어떤 위치의 주위에는 점이 4개만 있다고 가정)

어떤 위치의 물질의 양이 줄어들 때는, 줄어든 양과 같은 만큼 주위의 물질의 총량이 늘어남. 반대로 물질의 양이 늘어날 때는, 늘어난 만큼 주위 물질의 양이 줄어듦. 이것을 나타내는 식을 연속방정식이라고 함

모든 점에서 연속방정식이 성립할 때, 임의의 영역 안의 물질 전체의 변화량과 영역의 경계에서의 물질의 유출/유입량은 항상 균형을 이룸

그림 23 연속방정식은 어떤 위치에서의 물질의 양(또는 밀도)과 그 위치로부터 주위로 나가는 물질의 유출량 또는 유입량의 합계가 항상 일정하다는 것을 나타내는 식. 연속방정식이 성립하는 경우에 임의의 영역 안에서의 물질 전체의 변화량과 영역의 경계에서의 물질의 유출/유입량은 항상 균형을 이룸. 특히 영역의 경계에서 물질이 나가거나 들어오는 것이 없는 경우, 내부에서 흐름이 얼마나 복잡하게 발생하는지에 관계없이 물질의 총량은 보존됨.

일반적으로 연속방정식은 각 지점에서 해당 위치의 밀도 변화 속도와 주변으로의 유출 또는 유입 속도 사이의 관계를 나타냅니다. 또한 각 지점의 밀도가 자발적으로 변하는, 즉 '솟아나는' 경우를 고려할 수도 있지만, 생성 모델의 맥락에서는 '솟아나는' 경우는

없고 전체의 총량이 항상 보존되는 경우만을 고려합니다.[2]

연속방정식이 모든 위치에서 성립한다면, 임의로 구분한 모든 영역에 대해서도 연속성이 성립합니다. 즉, 그 영역 내부에 있어서의 물질의 총변화량과 영역의 경계에서의 물질의 유출 또는 유입량은 항상 균형을 이룹니다.

공간 전체를 영역으로 본다고 합시다. 이 경우 공간의 외부와 물질의 교환이 없기 때문에 공간 내부의 물질의 총량은 일정합니다. 즉, 이 연속방정식이 성립하는 경우에는 내부에서 아무리 복잡한 플로가 발생하더라도 물질의 총량은 보존될 것입니다.

플로를 사용하여 만드는 복잡한 확률분포

이렇게 플로에 따라 분포가 변화하더라도 전체 양은 변하지 않습니다. 이 성질은 플로를 사용하여 확률분포를 처리하는 데 있어서 중요합니다.

에너지 기반 모델을 설명하면서, 각 상태(데이터)에 에너지가 대응되고 그로부터 정해지는 비정규화 확률분포가 주어졌을 때, 모든 상태의 비정규화 확률의 합계, 즉 분배함수를 구할 필요가 있다는 이야기를 했었습니다.

고차원 공간에서는 분배함수를 구하는 것이 불가능하다고 할 정도로 어렵습니다. 따라서 고차원 공간에서의 확률분포를 설계하기 위해, 분배함수를 효율적으로 계산할 수 있도록 모델에 제약을 가하든가(예: 자기 회귀 모델), 또는 분배함수를 직접 다루지 않고도 학습과 샘플링이 가능하도록 하는(예: 홉필드 네트워크) 등의 방향으로 발전되어왔습니다.

그러나 이러한 방법들은 표현력에 제약이 많아서 복잡한 확률분포를 나타내기 어렵습니다.

플로를 사용하게 되면 분배함수를 구하지 않고도 복잡한 확률분포를 설계할 수 있다

---

[2] (옮긴이) 솟아나는(source) 경우 외에도 사라지는(sink) 경우가 있을 수 있지만, 역시 생성 모델의 맥락에서는 고려하지 않습니다.

는 것을 이제부터 설명하겠습니다(그림 24).

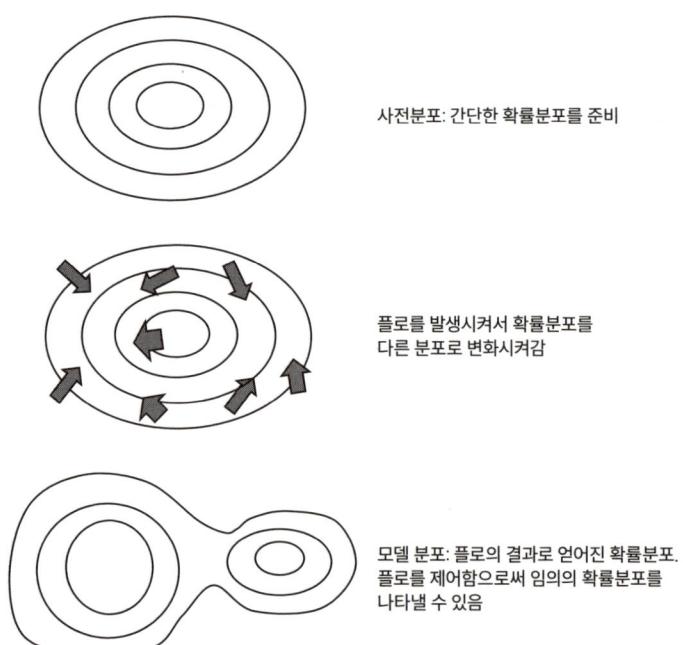

사전분포: 간단한 확률분포를 준비

플로를 발생시켜서 확률분포를
다른 분포로 변화시켜감

모델 분포: 플로의 결과로 얻어진 확률분포.
플로를 제어함으로써 임의의 확률분포를
나타낼 수 있음

그림 24 간단한 확률분포를 플로를 사용하여 바꾸어감으로써 임의의 복잡한 확률분포를 만들 수 있음. 연속 방정식에 따르면, 아무리 복잡한 플로를 사용하더라도 항상 확률분포가 된다는 것이 보장되어 있음.

먼저 간단한 확률분포를 준비합니다. 이 확률분포를 **사전분포** 또는 **초기분포**라고 합니다(이제부터는 사전분포라는 명칭으로 통일하겠습니다). 사전분포로는 공간에 확률을 균일하게 할당하는 균일분포나 확률이 중앙에 종 모양으로 집중된 정규분포 등이 자주 사용됩니다. 사전분포는 각 상태의 확률(참고: 정확히는 확률밀도. 이 책에서 다루는 내용은 기본적으로 연속 실수 공간에서의 확률밀도를 필요로 하지만, 여기서는 그런 내용은 생략함)을 해석적으로 정확히 구할 수 있어야 하고, 그 분포에 따라 데이터를 샘플링하기가 용이해야 합니다. 균일분포와 정규분포는 이러한 조건을 만족합니다.

다음으로 이러한 각 상태에 할당된 확률을 각 위치의 확률밀도처럼 다룹니다. 그런 다음, 이 사전분포에서 시작하여 각 위치에서 플로를 일으켜 분포를 바꾸어가는 것을 생각해봅시다. 이 플로는 위치별로 그 위치에 있는 물질이 어떤 속도로 주변으로 유출되거나 주변으로부터 유입되는지를 나타냅니다. 또한 플로가 매 시각 바뀐다고 가정합시다.

이렇게 플로에 의해서 사전분포로부터 다른 분포로 서서히 바뀌어갑니다. 이러한 방식으로 바뀌어서 최종적으로 얻어진 분포를 **모델 분포**라고 부르겠습니다. 모델 분포는 매우 복잡할 수 있으며 사전분포와 완전히 다를 수도 있습니다. 그리고 플로를 제어함으로써 어떤 종류의 분포가 만들어지는지를 제어할 수 있게 됩니다.

분배함수를 구할 필요가 없는 플로 기반 모델

여기서 **연속성**이라는 성질을 활용하게 됩니다. 플로를 사용하여 분포를 아무리 복잡하게 바꾸더라도 전체의 양은 바뀌지 않습니다. 즉, 처음의 분포가 확률분포였다면 아무리 복잡한 플로를 사용하여 분포를 바꾸었다고 하더라도, 그 분포는 여전히 확률분포라는 것을 보장할 수 있습니다. 그래서 분배함수를 구하지 않아도 되는 것입니다.

이 개념에 대한 이해를 심화시키기 위해 기부의 예를 들어 설명하겠습니다(그림 25).

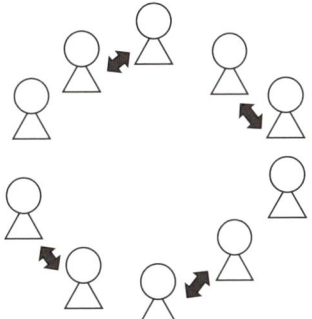

그림 25 각 상태에 확률을 할당하는 문제를 기부금을 내는 예로서 설명. 에너지 기반 모델은 마치 모든 사람의 기부 금액 정보를 파악해서 그 합계액이 목표에 도달하도록 조정하는 중앙 집권형과 같음. 반면에 플로를 사용하는 생성은 모두가 일정 금액을 기부하기로 한 후에 개별적으로 기부 금액을 주변 사람과 조정할 수 있는 분산 통치형으로 볼 수 있음.

어떤 나라에서 전 국민 100만 명으로부터 기부금을 모아 정확히 10억 원을 모금하려 한다고 가정해보겠습니다. 그리고 각 개인은 자신이 얼마나 기부할 것인지 정할 수 있다고 합시다. 예를 들어 어떤 사람은 0원을, 다른 사람은 100만 원을 기부할 수 있을 것입니다. 문제는 정확히 10억 원이 모일 것인가 하는 것입니다.

첫 번째 접근 방식을 생각해봅시다. 모든 사람이 얼마를 기부할 예정인지를 확인합니다. 그랬더니 총 기부금이 30억 원이었다고 합시다. 이대로라면 총액이 너무 많아지기 때문에 모두에게 기부금을 1/3로 줄이도록 하면 정확히 10억 원의 기부금을 모을 수 있습니다. 이는 분배함수(모든 이의 기부금의 합계)를 구해서 비정규화 확률(조정 전의 기부금액)값들을 조정하는 것에 해당합니다. 이 접근 방식의 문제점은 모든 사람의 기부 금액을 확인해야만 한다는 것입니다. 한 사람이라도 확인이 안 되면 계획이 틀어질 수가 있습니다. 예를 들어 확인 작업에서 빠진 깊은 산속에 사는 한 사람이 5억 원을 기부하고자 한다면 모든 사람의 기부 계획에 큰 영향을 미치게 됩니다.

두 번째 접근 방식을 생각해봅시다. 먼저 모두가 1000원을 기부하기로 결정합니다. 이 경우 100만 명 × 1000원은 정확히 10억 원이 됩니다. 그 후 각자가 주위 사람들과 상의하여 기부금 액수를 조정해도 됩니다. 예를 들어 어떤 사람은 전혀 기부금을 내지 않고 그 금액만큼을 다른 사람이 대신 내는 것도 가능합니다. 이런 식으로 기부금 액수를 자유롭게 주고받더라도 총 기부금 액수는 일정하게 유지됩니다. 이 경우 모든 상황을 중앙에서 파악할 필요가 없고 로컬에서 거래를 끝낼 수 있습니다. 이 접근 방식이 플로를 사용하여 분포를 변환하는 것에 해당합니다.

고차원 공간은 매우 광대하기 때문에, 그 공간을 커버하기 위해 아무리 많은 경우의 수를 찾아내더라도 미처 찾아내지 못한 위치에 큰 확률이 할당될 가능성이 항상 존재합니다. 고차원 공간에 살고 있는 거주자들 각자에게 기부 금액을 정하도록 맡기고, 중앙에서 전체 합산을 파악하는 접근 방식(즉 분배함수를 사용하는 접근)은 극히 어려울 것입니다.

이렇듯 에너지 기반 모델은 분배함수와 같이 전체 정보를 필요로 하는 중앙 집권형 모델인 데 반해, 플로 기반 모델은 로컬 플로를 조정하는 분산 통치형 모델이라고 할 수 있습니다.

플로를 사용하는 경우에는 로컬 정보인 플로를 조정함으로써 확률분포를 조정할 수 있으며, 전체를 파악하지 않고도 전체가 확률분포로서 성립하는 것이 보장됩니다.

정규화 플로와 연속 정규화 플로

플로를 사용하면 분배함수를 계산하지 않고도 복잡한 확률분포를 나타낼 수 있습니다. 이 아이디어를 바탕으로 2015년 로랑 딘Laurent Dinh 등이 **정규화 플로**normalized flow라는 생성 모델을 제안했습니다. 이것은 사전분포를 **가역변환**으로 서서히 변환시켜서 복잡한 확률분포를 만들어내는 방법입니다. 가역변환이란 변환 후에도 항상 원래대로 되돌릴 수 있는 변환을 뜻합니다.

또한 2018년에 리키 천Ricky T.Q. Chen 등은 정규화 플로를 발전시킨 **연속 정규화 플로** continuous normalizing flow를 제안했습니다. 이 모델은 정규화된 플로의 변환 단위를 잘게 나누어서 확률분포를 연속적으로 변환할 수 있게 합니다. 지금까지 설명한 플로를 이용한 생성 모델은 연속 정규화 플로에 의해 완성되었다고 할 수 있습니다. 정규화 플로는 연속 정규화 플로의 연속적인 변환을 일정 시간마다 이산화한 특수형으로 간주할 수 있습니다. 정규화 플로에서는 변환에 가역변환을 사용해야 한다는 제약이 있었지만 연속 정규화 플로에서는 플로를 직접 모델링하므로 이러한 제약이 없습니다.

연속 정규화 플로에서는 각 위치와 각 시각에서의 플로를 신경망으로 모델링합니다. 다음 절에서 자세히 설명합니다.

플로를 따라 구한 가능도가 최대화되도록 학습

플로를 사용하여 만들어진 모델 분포가, 학습 데이터로 제공된 데이터 분포에 접근하도록 플로를 조정하는 방법, 즉 학습하는 방법을 설명하겠습니다(책 마지막에 있는 부록 A의 '최대 가능도법'도 참조).

이 정규화 플로나 연속 정규화 플로의 학습은 **최대 가능도 추정**maximum likelihood estimation
에 의해 수행됩니다. 최대 가능도 추정은 관측된 데이터에 대해 모델 분포상에서 높은
확률을 할당함으로써 데이터 분포와 모델 분포가 일치하도록 합니다. 이때 필요한 것은
어떤 데이터에 모델 분포가 얼마만큼의 확률을 할당했는가 하는 정보입니다. 이렇게 할
당된 확률을 **가능도**likelihood[3]라고 합니다.

분배함수를 다루는 모델에서는 계산 복잡도 문제로 인해 특정 데이터에 할당된 확률
을 정확하게 구하기 어렵습니다. 플로를 사용하는 생성에서는 이 가능도를 구하는 것이
가능합니다. 이러한 고차원 데이터의 가능도를 정확하게 구하는 것은 이전에는 자기 회
귀 모델에서만 가능했습니다. 플로를 사용하는 경우에 어떻게 가능도를 구할 수 있는지
설명하도록 하겠습니다.

플로를 이용하는 생성의 경우에 어떤 위치의 밀도를 확률로 이해할 수 있다고 설명했
습니다. 그리고 플로에 따라 어떤 위치에서는 압축되어 밀도가 높아지거나 반대로 낮아
질 수 있습니다. 실제로 대기의 경우 바람에 의해 공기가 이동하고 기압이 바뀐다는 것
은 우리가 실감하고 있는 것입니다. 예를 들어 공간 전체의 대기가 흐름에 의해 그대로
정확히 오른쪽 절반으로 이동해서 압축되는 플로를 생각해봅시다. 이 경우 각 위치의
확률은 두 배가 됩니다. 물론 보존의 법칙이 성립하므로 부피는 절반으로 줄어들고 밀
도는 두 배가 되며 모든 확률의 합이 1이 되는 것이 보장됩니다. 이런 식으로 부피의 변
화에 따라 밀도가 얼마나 변하는지를 알 수 있습니다. 플로에 의해 특정 구간의 부피가
증가하거나 감소하는 정도는, 플로를 나타내는 함수가 원래 위치에서의 공간을 늘이거
나 줄이는 정도에 해당하며(참고: 플로를 나타내는 벡터 함수의 **야코비**Jacobian **행렬식**으로 구
함), 그로부터 확률이 어떻게 변할지 구할 수 있습니다.

모델 분포에서 특정 데이터, 즉 고차원 공간의 한 점에 할당된 확률을 찾는 경우를 생
각해봅시다(그림 26). 이 경우에 그 점에 도달하는 플로를 역방향으로 따라가면서 각 순
간의 플로에서 점이 얼마나 압축되거나 팽창되는지를 구하면 됩니다. 마지막으로 사전

---

3 [옮긴이] 일본식 용어인 우도(尤度)로 번역되는 경우도 있습니다.

확률에 도달하면, 사전확률에서 할당된 확률과, 플로를 거치면서 얼마나 팽창되거나 압축되었는지에 대한 정보를 사용하여 모델 분포의 확률을 구할 수 있습니다.

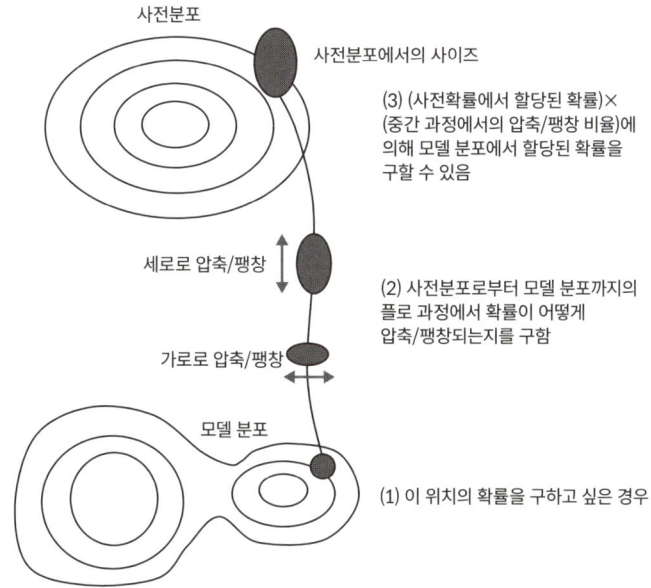

그림 26 플로를 이용하는 생성에서는 모델 분포의 각 위치에 할당되는 확률을 구할 수 있음. 모델 분포에서 해당 위치에 도달하는 플로를 구하고, 사전확률에서 할당된 확률에 플로 과정에서 일어나게 되는 확률의 압축/팽창 비율을 구해서 적용함.

이러한 방식으로 주어진 데이터의 가능도(모델에 의해 할당된 확률)를 구할 수 있습니다. 그런 다음 가능도가 최대화되도록 플로를 조정합니다. 플로는 신경망 모델에 의해 조정되기 때문에 신경망의 매개변수를 조정해서 가능도가 높아지도록 업데이트할 수 있습니다. 이렇게 함으로써 최종적으로 학습 데이터를 높은 확률로 만들어내는 플로를 만들 수 있습니다.

플로에 따라 데이터를 생성

다음으로 어떻게 데이터가 생성되는지에 대해 설명하겠습니다. 데이터는 다음과 같이 모델 분포에 따라 샘플링됩니다.

먼저 사전분포로부터 데이터를 샘플링합니다. 다음으로 각 위치와 시간의 플로에 따라 이 데이터를 천이transition[4]시켜갑니다. 일반적으로 플로를 이어서 만들어진 선을 **유선** streamline이라고 합니다. 풍동wind tunnel 실험에서 색깔을 가지는 연기를 일으키면 라인 형태의 연기 플로를 볼 수 있으며, 컵에 담긴 커피를 회전시켜 플로를 일으킨 후 그 위에 우유를 떨어뜨리면 플로를 따라 우유 라인이 보입니다. 그런 경우들을 상상하면 됩니다.

같은 방식으로 사전분포로부터 샘플링된 데이터도 플로를 따라 변화해가다가 최종적으로 어딘가의 위치에 도달합니다. 그 최종 위치(데이터)는 모델 분포로부터의 샘플링으로 간주할 수 있습니다(참고: 이상의 논의는 정확하게는 플로에 의한 변환에 기반한 **압출 측도** pushforward measure라는 개념으로 엄밀하게 논할 수 있음).

이 샘플링에서는 랑주뱅 몬테카를로 방법처럼 큰 스텝 수를 필요로 하지 않는다는 점에 주목해주세요. 최종적인 모델 분포의 높낮이가 심하고 아무리 복잡하더라도 (사전분포로부터) 샘플링할 때 이러한 높은 고개들을 넘어가야 할 필요가 없습니다. 사전분포상의 위치로부터 모델 분포상의 위치를 향해 플로를 따라 서서히 변환되어갑니다. 즉, 사전분포에서 샘플링되는 시점에서 최종적으로 어느 위치에 도달하게 될 것인지가 정해지게 됩니다. 이에 관해서는 다음 장에서 다시 이야기하겠습니다.

복잡한 생성 문제를 간단한 부분 생성 문제로 분해하는 플로

플로를 사용한 생성을 다른 관점에서 이해하는 것도 가능합니다. 즉, 데이터가 플로에 의해 서서히 생성되어간다는 관점입니다.

사람이 무언가를 창작해낼 때 갑자기 완성된 형태를 만드는 것은 어렵습니다. 재능이 넘치며 훈련된 화가나 작곡가라면, 최종적으로 완성된 것을 떠올려서 그대로 그리거나

---

[4] 옮긴이 일반적인 표현으로는 '변화'라고 할 수도 있겠지만, 이산적이며 단계적으로 바뀌어가는 것을 엄밀하게 뜻하기 위해서 사용하는 개념입니다.

옮겨 적는 경우가 있을 수도 있겠지만, 대부분의 경우 한번 대략적으로 만든 것을 서서히 수정해가거나 디테일을 추가해가는 과정을 필요로 할 것입니다.

예를 들어 그림을 그리는 경우에는 먼저 윤곽을 그린 다음, 부분을 그리고 전체를 조정하면서 디테일을 그립니다. 그 과정에서 밸런스를 생각해서 전체를 수정해야 할 수도 있습니다. 이 경우 생성 과정은 여러 하위 과정으로 분해됩니다. 그리고 분해된 각 부분적 생성 과정은 아무것도 없는 상태로부터 만들어내야 하는 경우에 비해 훨씬 간단하게 작업할 수 있습니다.

한편 생성 모델의 학습 시점에는 데이터의 완성된 형태만 주어지고, 데이터가 생성된 과정과 순서는 제공되지 않습니다.

이렇게 순차적으로 생성해가는 과정은 잠재변수 모델의 개념과 일치합니다. 잠재변수 모델은 먼저 잠재변수를 생성한 다음 잠재변수를 기반으로 관측변수, 즉 데이터를 생성합니다.

이 잠재변수는 하나의 단계에만 있는 것이 아니고 여러 단계에서 반복될 수 있습니다. 지금 단계의 잠재변수를 기반으로 다음 단계의 잠재변수를 생성할 수 있습니다. 이러한 단계들이 많을수록 한 단계에 할당된 생성 문제를 더 간단하게 만들 수 있습니다. 그런 다음 단계들을 매우 잘게 쪼개서 연결한 과정을 데이터의 플로로 생각할 수 있습니다 (그림 27).

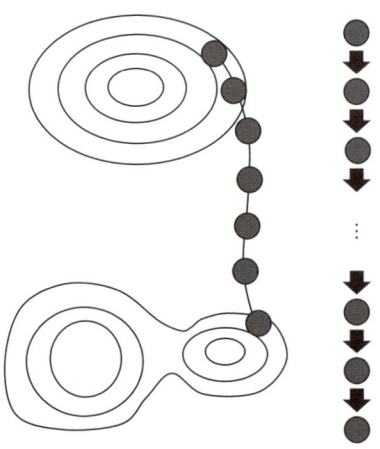

그림 27 플로를 이용한 생성은 무한한 계층을 쌓은 잠재변수 모델로 간주할 수 있으며, 각 단계는 단계적 생성 문제로 다룰 수 있음.

이렇게 생각하면, 플로에 의한 데이터 생성은 사전분포로부터 얻은 아무런 질서도 없는 데이터를 첫 번째 잠재변수로 해서, 지금의 잠재변수를 기반으로 다음 잠재변수를 생성하는 생성 과정을 누적하여 최종 데이터를 얻는 것과 같습니다. 플로에 의한 생성은 어려운 생성 문제를 간단한 부분 생성 문제들로 나눌 수 있게 해줍니다.

플로에 의한 생성을 학습하여 얻는 생성 과정은, 실제 데이터가 만들어지는 과정과는 다르다는 것에 유의해주세요. 이 방법으로 얻을 수 있는 것은 어디까지나 주어진 데이터 분포를 생성할 수 있는 수많은 플로 중 하나일 뿐입니다. 더 바람직한 생성 과정이 어떤 모습일지는 다음 장에서 확산 모델 및 플로 매칭을 살펴볼 때 설명하겠습니다.

플로 모델링

플로를 사용하는 모델이 구체적으로 어떻게 구성되는지에 대해 설명하겠습니다. 예를 들어 각 관측 지점에서 바람이 얼마나 강하게 어느 방향으로 불고 있는지를 나타내는 기상도를 본 적이 있을 것입니다. 그와 마찬가지로 각 위치에서 어느 방향으로 어느 정도 속도의 플로가 있는지 모델링해야 합니다.

이 속도 플로는 입력 공간의 차원 수와 같은 차원 수를 가지는 벡터로 표현됩니다. 예를 들어 2차원 평면에서 발생하는 플로에 대해 생각해봅시다. 위치 A에서 동쪽으로 시간당 3 m의 속도로 흐르고 있다면, 1시간 후에는 그 위치에 있었던 것이 3 m 동쪽에 있게 된다는 것을 뜻합니다. 이 경우 2차원 입력에 대해서 속도 벡터도 2차원입니다.

이러한 방식으로 공간의 각 지점에 벡터를 대응시킨 것을 일반적으로 **벡터장**vector field 이라고 합니다. 이 예는 플로를 나타내기 위해 각 지점에 속도 벡터가 할당되는 속도 벡터장이 되는 경우입니다. 하지만 여기에 문제가 있습니다. 고차원 공간의 속도 벡터장을 나타내기 위해서는 많은 양의 정보를 저장하고 관리해야 합니다. 고차원 공간은 광대하기 때문에 적당한 구역 단위로 나누어서 나타내는 것부터가 간단치 않습니다.

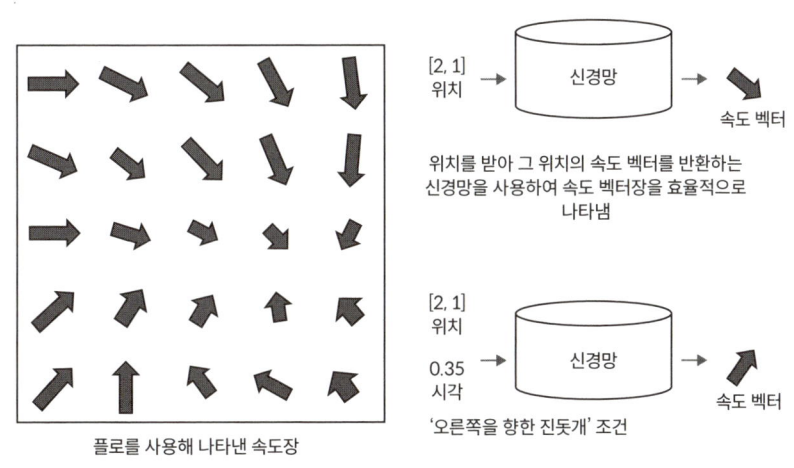

그림 28 플로는 속도 벡터장으로 표현되는데, 직접 속도 벡터장을 표현하는 것이 아니라 위치를 받아 속도 벡터를 반환하는 신경망을 사용하여 속도 벡터를 효율적으로 나타내게 됨.

이러한 벡터장은 신경망을 이용하여 효율적으로 표현될 수 있습니다(그림 28). 속도 벡터장을 나타내는 신경망은 공간 좌표를 입력으로 받아서 해당 위치에서의 플로를 나타내는 속도 벡터를 출력합니다. 이 모델은 입력으로 주어지는 위치가 바뀌면 바뀐 위치에서의 속도 벡터를 반환하게 되어 있습니다. 이렇게 하면 신경망의 매개변수 수만큼만 저장하면 됩니다. 이 신경망 모델은 속도 벡터장이라는 엄청난 양의 정보를, 신경망의 매개변수를 사용하여 매우 높은 압축률로 저장한다고 할 수 있습니다.

또한 신경망은 시간도 입력으로 받아들일 수 있게 되어 있습니다. 이 경우 각각의 시간에 대해 다른 속도 벡터 필드를 나타낼 수 있게 되어 있습니다.

또한 조건부 생성 모델을 사용할 때처럼 다양한 조건에서의 속도 벡터장을 구할 필요가 있습니다. 이 경우에도 신경망이 추가적인 조건들에 해당하는 입력을 받을 수 있도록 되어 있습니다.

이렇게 플로는 속도 벡터장을 나타내는 신경망으로 표현됩니다. 또한 시간과 조건들을 입력으로 받음으로써, 다양한 속도 벡터장을 하나의 모델로 나타낼 수 있습니다.

플로 결과 계산

플로는 시간적, 공간적으로 연속적인 양을 다루지만 오늘날의 컴퓨터는 궁극적으로는 0과 1밖에 처리할 수 없는, 즉 이산적인 정보만 처리할 수 있는 디지털 시스템입니다. 따라서 플로를 따라 특정 데이터의 이동을 시뮬레이션할 때는, 시간을 구분 지어서 구분된 시간 단위 안에 발생한 변위량(위치가 변화한 양)을 계산해서 그 변위량들을 더해갈 필요가 있습니다(그림 29). 이 계산은 수학에서 속도가 함수인 경우에 적분을 구하는 계산에 해당합니다.

일반적으로 어떤 곡선이 주어졌을 때 곡선 아래 부분의 면적을 **적분**이라고 합니다. 여기서 설명하는 예의 경우에는, 곡선은 속도 벡터에 의해 주어지며 각 순간의 속도를 합산한 결과가 변위가 됩니다. 그림 29의 예에서는 2차원으로 표현되어 있지만 실제로는 고차원 공간입니다. 곡선에 적분 공식을 적용하여 적분 결과를 해석적으로 구할 수 있는 경우도 있지만, 여기서 설명하는 예의 경우에는 곡선의 값이 신경망의 출력으로 제공되므로 공식을 사용해서 계산할 수는 없습니다. **수치적분**이라는 기법을 이용하여, 곡선으로 둘러싸인 영역을 잘게 나누어 직사각형 또는 사다리꼴과 같이 면적을 계산할 수 있는 형태들의 합산치로 면적을 근사할 수밖에 없습니다.

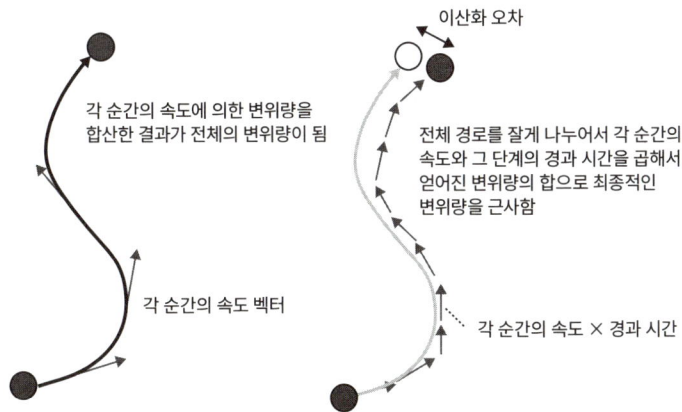

그림 29 각 순간의 속도 벡터를 기반으로 일정 시간 후에 얼마나 이동했는지 변위량을 구함. 복잡한 경로일수록 근사 오차가 커짐.

예를 들어 플로를 이용한 생성 모델의 경우에 사전분포에서 모델 분포까지의 플로를 100~1000단계로 나누어서 각 단계에서의 변위량을 계산합니다. 간단히 설명하자면 각 순간의 해당 위치에서의 이동 속도를 신경망을 통해 구하고, 그 이동 속도들에 단계별 경과 시간을 곱한 것이 변위량이 됩니다.

이렇게 연속값을 갖는 곡선으로 둘러싸인 영역을, 간단히 계산할 수 있는 도형의 면적 합계치로 근사하기 때문에 반드시 오차가 발생합니다. 이 오차를 **이산화 오차**라고 합니다.

특히 플로가 구불구불할수록 시간을 미세하게 자르지 않으면 수치적분으로 인한 오차가 커집니다. 반대로 플로가 직선적이라면 적은 수의 단계를 사용하더라도 오차는 작아집니다.

학습 시나 생성 시에 필요한 계산량과 메모리의 양은 단계 수에 비례합니다. 구불구불한 플로의 경우 필요한 계산량과 메모리의 양이 증가합니다.

플로를 이용한 생성은, 생성 과정을 이렇게 세부적인 단계로 나눌 수가 있습니다. 이 점에 대해서는 다음 장에서도 자세히 이야기하겠습니다.

정규화 플로의 과제

플로를 이용한 생성 모델인 정규화 플로와 연속 정규화 플로는 기존의 생성이 가지고 있었던 많은 문제를 해결했지만, 여전히 과제가 남아 있습니다.

우선, 정규화 플로에서 모델에 사용할 수 있는 변환에 상당한 제약 조건이 있습니다. 구체적으로는, 입력과 출력이 일대일로 대응되는 가역변환이어야 하고 변환으로 인한 확률의 압축 및 팽창 비율을 효율적으로 구할 수 있어야만 합니다. 이러한 제약 속에서도 표현력이 높은 모델들이 제안되고 있지만, 다른 AI 기술에서 발전하고 있는 방법들을 자유롭게 접목하기는 어렵습니다.

다음으로 학습 시에 매우 큰 메모리가 필요하다는 점을 들 수 있습니다. 정규화 플로를 사용하는 생성 모델을 학습할 때, 사전분포에서 모델 분포까지의 데이터 플로를 시뮬레이션하고 최대 가능도 추정을 통해 이 플로를 수정해야 합니다. 이전 절에서 언급했듯이 플로가 복잡한 경우가 일반적이므로 이산화 오차를 충분히 줄이기 위해서는 플로를 100~1000개 정도의 많은 단계로 분해해야 합니다. 이 전체 프로세스를 하나의 큰 신경망으로 모델링하며, 플로를 제어하게 될 모델의 매개변수들을 업데이트하게 됩니다.

한 단계의 플로를 나타내는 모델의 크기를 1이라고 한다면, 사전분포의 시작 위치에서 모델 분포의 도달 위치까지 전체 플로를 나타내는 가상적인 모델의 크기는 단계 수에 비례할 것이며 100~1000이 될 것입니다. 이렇게 큰 모델을 직접 사용해서 학습하기 위해서는, 각 순간의 플로를 나타내는 모델에는 작은 것을 쓸 수밖에 없게 됩니다.

마지막으로, 정규화 플로나 연속 정규화 플로에서는 어떤 플로를 사용하는 것이 적절한지 특별히 정해진 것이 없어서, 모델이 불필요하게 어려운 플로를 학습하게 되는 경우가 많습니다. 이로 인해 학습도 어려워지고 학습 시에는 본 적이 없었던 위치에서 비정상적인 플로가 발생하기 쉬워집니다. 또한 생성에 필요한 단계 수가 늘어나서 생성 속도가 느려지는 문제도 생깁니다.

요약

이 장에서는 플로에 대해 소개했고 플로를 사용하여 확률분포를 표현하는 방법을 설명했습니다. 플로를 사용하면 계산이 불가능한 분배함수를 사용하지 않고도 고차원 확률분포를 나타낼 수 있으며, 플로를 나타낼 수 있을 만큼 표현력이 풍부한 신경망을 사용하면 복잡한 확률분포를 나타낼 수 있다는 것을 설명했습니다.

이러한 아이디어를 바탕으로 설계된 정규화 및 연속 정규화 플로는 어느 정도의 성공은 거두었지만, 플로에는 아무런 제약이 없기 때문에 모델이 복잡한 플로를 학습하게 되기 쉽고,[5] 학습 중에 플로 전체를 시뮬레이션해야 하기 때문에 큰 모델을 사용할 수 없었습니다. 이러한 문제를 해결한 것이 다음 장에서 소개할 확산 모델과 플로 매칭입니다.

---

[5] [옮긴이] 바로 앞 절 마지막에서 언급했듯이, 모델의 자유도가 높다 보니 학습의 결과로 필요 이상의 복잡한 모델이 얻어진다는 뜻입니다.

CHAPTER 4

확산 모델과 플로 매칭

이 장에서는 **확산 모델**diffusion model과 **플로 매칭**flow matching이라는 플로를 이용한 생성 모델을 소개합니다. 이를 통해 이전 장에서 소개한 정규화 플로나 연속 정규화 플로의 문제를 해결하여 안정적인 학습을 달성할 수 있습니다.

이러한 모델들의 등장으로 더 큰 데이터와 대규모 모델을 사용하여 생성 모델을 학습할 수 있게 되었으며, 생성 품질이 비약적으로 향상되었을 뿐만 아니라 더 복잡한 생성 대상을 처리할 수 있게 되었습니다.

또한 확산 모델은 에너지 기반 모델 및 잠재변수 모델과 접점이 있으며, 플로 매칭은 최적 운송이라는 분야와 접점을 가지고 있습니다. 이들에 대해서도 설명하겠습니다.

확산 모델의 발견

확산 모델은 2015년 야샤 졸-딕슈타인Jascha Sohl-Dickstein 등이 **비평형 열역학**을 기반으로 제안했습니다. 그러나 당시에는 마침 다른 생성 모델(변분 오토인코더나 생성적 적대 신경망)들이 성공하고 있던 시기였고, 학습한 결과가 다른 방법들에 비해 특별히 좋은 것이 아니었기 때문에 주목받지 못했습니다.

2019년 양 송Yang Song 등이 뒤에서 설명할 스코어라는 확률분포를 기반으로 하는 플로를 추정하고, 그것을 사용해서 고품질 데이터를 생성할 수 있음을 보였습니다. 이를 **스코어 기반 모델**이라고 합니다.

그들은 원래의 확률분포를 그대로 사용하여 스코어를 구하는 경우에, 학습 데이터에서 멀리 떨어진 위치에서는 스코어에 의한 플로가 발생하지 않아 데이터 생성이 실패하는 것을 발견했습니다. 그래서 학습 데이터에 서서히 강한 노이즈를 더해 붕괴시켜가면서, 학습이 일어나는 영역을 공간 전체로 넓혀간 후, 붕괴된 각각의 확률분포에 의한 스코어를 구하여 조합해서 사용함으로써 고품질 생성이 가능함을 보였습니다.

2020년에 조너선 호Jonathan Ho 등은 스코어 기반 모델과 확산 모델이 실제로는 동일한 문제를 해결하며, 모델과 학습 방법을 고안함으로써 그때까지 제안된 생성 모델들에 필적하는 고품질 생성이 가능함을 보였습니다.

그 후 확산 모델은 뒤에서 설명할 많은 중요한 능력을 가지고 있으며, 확산 모델을 사용하는 생성 모델의 생성 품질이 다른 방법의 생성 품질을 능가한다는 것이 알려지면서 확산 모델이 다시 주목을 받게 되었습니다.

이와 비슷한 시기에, **언어 모델**과 같은 텍스트 데이터를 생성하는 모델도 큰 성공을 거두었습니다. 그래서 2021년쯤에는 DALL-E, CLIP 등 언어 모델에 의해 만들어진 텍스트 기반 조건화와 이미지 생성을 결합함으로써 언어로 지시를 내려 이미지를 생성하는 기법들이 많이 등장하게 되었습니다.

일반적인 확산 현상

그러면 확산 모델에 대해 이야기하겠습니다. 먼저 물리적 세계에서 일반적으로 관찰되는 확산 현상에 대해 설명하겠습니다. 예를 들어 물 표면에 잉크로 글자를 썼다고 가정해봅시다. 이 잉크로 쓰여진 글자는 시간이 지남에 따라 서서히 풀어져갈 것이고 최종적으로는 잉크가 물 전체에 균일하게 섞이게 됩니다. 이를 **확산 현상**이라고 합니다.

확산 현상은 물을 구성하는 물 분자와 잉크를 구성하는 잉크 분자가 랜덤하게 계속 움직이고 이러한 분자들끼리 랜덤하게 부딪히고 섞임으로써 일어납니다.

만약 이 잉크의 확산 과정을 반대 방향으로 재현할 수 있다면, 잉크가 물에 균일하게 섞인 상태로부터 다시 잉크로 문자가 쓰여진 상태로 되돌릴 수 있습니다. 즉, 질서를 가지고 있는 대상에 노이즈가 더해지면서 서서히 파괴되어 완전한 무질서가 되는 과정을 역방향으로 거슬러 올라감으로써 무질서로부터 질서를 만들어내는 과정, 즉 생성을 실현할 수 있지 않을까 하는 생각인 것입니다. 이것이 확산 모델의 기초가 되는 아이디어입니다.

COLUMN 브라운 운동

1827년, 로버트 브라운Robert Brown은 꽃가루에서 미세한 입자가 물속으로 흘러 들어가 랜덤하게 움직이며 돌아다니는 현상을 발견했습니다. 이를 **브라운 운동**이라고 합니다. 왜 이런 운동이 일어나는지는 오랫동안 수수께끼였지만, 1905년 아인슈타인은 이 현상이 랜덤한 운동(열운동)을 하는 분자들의 충돌에 의해 일어난다는 것을 보였습니다. 이것은 사람 눈에는 보이지 않는 분자가 실제로 존재한다는 것을 처음으로 보인 중요한 발견입니다. 이 현상은 육안으로도 관찰할 수 있습니다. 확산 현상도 잉크와 물 분자의 브라운 운동에 의해 일어납니다. 매번 랜덤한 방향으로 이동하는 이러한 모습이 마치 술에 취한 사람이 랜덤하게 왔다 갔다 하는 것처럼 보이기 때문에, **랜덤 워크**random walk 라고 불립니다.

이 브라운 운동의 수학적 모델을 **위너 과정**Wiener process이라고 하는데 금융 공학 등에서도 중요한 도구가 되어 있습니다. 금융에서는 무수히 많은 참여자들의 매수와 매도에 의해 마치 잉크 분자가 물속에서 격렬하게 움직이는 것처럼 금융상품의 가격이 순간적으로 오르거나 내리는 방식으로 변합니다. 이렇게 브라운 운동은 분자의 발견으로 이어지고, 현대 금융 상품의 가격 책정에 도움이 되었으며, 이미지와 소리의 생성 기술로 이어진 중요한 현상입니다.

확산 모델이란

이제 확산 과정을 이용하는 생성 모델인 **확산 모델**에 대해 구체적으로 설명하겠습니다. 먼저 학습을 위한 데이터를 준비합니다. 전체적으로 생각하면, 데이터는 마치 물 표면에 잉크로 쓰여진 글자처럼 공간 전체에 질서를 가지고 분포되어 있습니다. 이것을 **데이터 분포**라고 부르겠습니다.

그러나 이러한 데이터들은 2차원이 아니라 데이터가 존재하는 고차원 공간상에 분포되어 있다는 점에 유의해야 합니다. 예를 들어 이전 장에서 설명한 것처럼 각 데이터는 고차원 공간상의 점으로 표현되고 이러한 점들의 집합이 분포를 이룹니다.

다음으로 이러한 데이터에 노이즈를 더해가면서 무너뜨립니다(그림 30). 일반적으로 계산이 용이하고 이론적 성질이 좋다는 점에서 정규분포를 따르는 노이즈를 더하는 경우가 많습니다. 이것은 앞서 설명한 브라운 운동과 동일합니다. 그리고 데이터에 랜덤한 노이즈가 많이 추가될 때 그 노이즈들이 일정한 조건을 만족하면 노이즈 합계의 분포를 정규분포로 표현할 수 있습니다. 이 노이즈는 일반적으로 강도를 높여가면서 데이터가 정규분포에서 샘플링한 것과 구별이 안 되는 수준이 될 때까지 계속 더하게 됩니다.

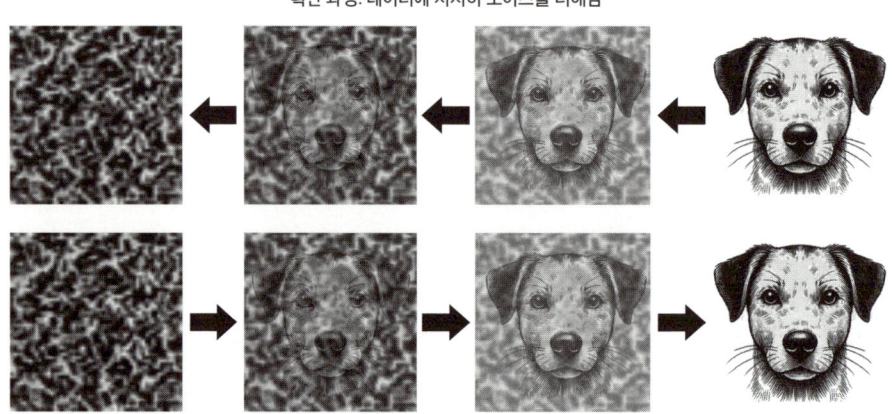

확산 과정: 데이터에 서서히 노이즈를 더해감

생성 과정: 확산 과정을 거슬러 올라가듯이 노이즈로부터 데이터를 생성

그림 30 확산 모델은 데이터에 서서히 노이즈가 더해져서 무너져가는 확산 과정을 역방향으로 거슬러가는 과정을 기반으로, 정규분포로부터 데이터 분포로 변화해가는 플로를 구성함.

생성 시에는 그 역방향이 됩니다. 정규분포에서 샘플링된 데이터에서 시작하여, 각 시간과 위치에서 확산 과정으로 인한 플로와 반대 방향의 플로에 따라 데이터를 변화시켜갑니다. 그렇게 함으로써 마치 거꾸로 재생하는 것처럼, 최종적으로는 데이터 분포로부터 샘플링된 것으로 보이도록 변화시킬 수 있습니다.

앞에서는 데이터 단위로 어떻게 변화하는지 살펴보았습니다. 이번에는 분포 관점에서 바라보는 경우를 생각해봅시다(그림 31). 확산 과정은 데이터 분포로부터 시작됩니다. 이 분포가 확산 과정에 의해 서서히 형태가 무너져가면서 뾰족한 봉우리들이 넓어지고, 점차 확률분포가 공간 전체에 퍼지면서 중심에 봉우리가 하나 있는 정규분포와 같은 모양으로 변화해갑니다. 최종적으로는 데이터 분포의 형태는 완전히 없어지고 정규분포와 구별할 수 없을 정도로 계속 변화해갑니다. 즉, 확산 과정은 확률분포를 데이터 분포에서 정규분포로 변경시킵니다. 반대로, 생성 과정은 정규분포로부터 데이터 분포로 변경시킵니다.

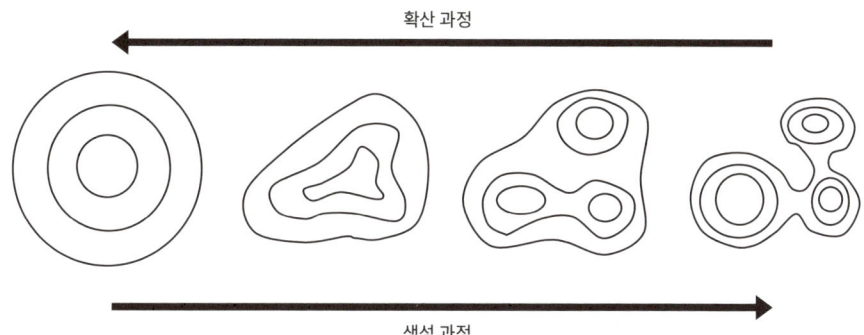

그림 31 확산 모델의 확산 과정을 분포 관점에서 바라보면, 최초의 데이터 분포 형태가 서서히 무너져가면서 정규분포로 변해감. 반대로, 생성 과정은 정규분포로부터 데이터 분포로 변해감. 이 과정에서는 예를 들어 데이터 분포에 봉우리들이나 골짜기들이 있었다고 해도(다봉성multi-model), 하나의 봉우리를 가지는 분포(단봉성uni-modal)로 연속적으로 변환되어감.

이것이 확산 모델에 의한 생성 모델의 학습입니다.

확산 과정이 만들어내는 플로 = 스코어

이 확산 과정에 의해 만들어지는 플로란 어떤 것인지를 좀 더 구체적으로 살펴봅시다.

물 표면에 잉크를 떨어뜨렸을 때의 상황을 자세히 보면, 물 분자와 잉크 분자가 격렬하게 움직이면서 반복적으로 충돌하여 랜덤한 방향으로 퍼져가는 과정이 일어나고 있습니다. 한 상자의 왼쪽 절반에 흰 공을, 오른쪽 절반에 검은 공을 많이 넣고서 상자를 계속 흔들면 흰 공과 검은 공이 서서히 섞여갈 것입니다. 바로 그런 과정이 일어나고 있는 것입니다.

이 확산 과정에서 무수한 입자가 랜덤하게 움직이고 있지만, 이 입자들이 그룹으로서 갖는 평균 속도와 방향이 있을 것입니다. 잉크 분자 그룹이 확산되어갈 때 그룹으로 평균을 내면, 잉크 농도가 높은 위치로부터 낮은 위치로 잉크 분자가 퍼져가는 플로가 생깁니다(그림 32). 잉크가 있는 위치를 확률이 높은 위치라고 한다면, 확률이 높은 위치에서 낮은 위치를 향해 퍼져가는 플로가 일어나고 있는 셈이 됩니다.

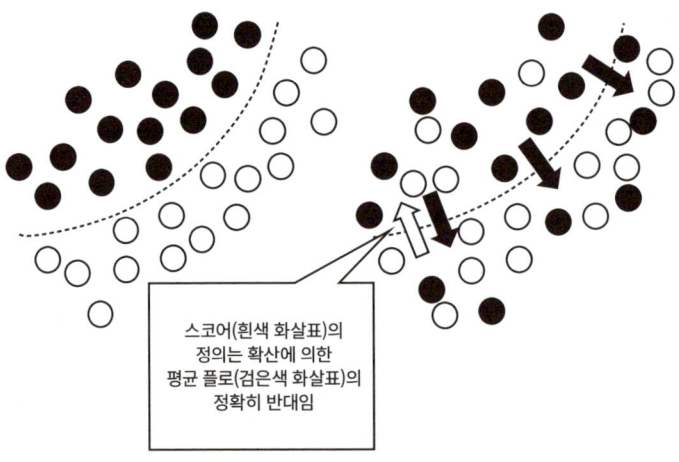

그림 32 확산 과정에 의해 무수한 입자가 제각기 랜덤하게 움직이면서 섞이지만, 평균적으로 어떤 속도와 방향으로 움직이는지를 보면 잉크 농도가 높은 위치로부터 낮은 위치를 향해서 퍼져가는 플로가 생김. 이는 잉크의 농도를 등고선으로 나타냈을 때 등고선과 정확히 수직인 방향으로 흐르는 플로. 이 플로의 정확히 역방향에 대응되는 것이 스코어.

이 플로와 정확히 반대 방향의 플로를 **스코어**라고 합니다. 스코어는 각 위치에서 확률의 로그[1]가 가장 급격하게 증가하는 방향과 그 크기를 나타내는 벡터입니다.

지금까지의 이야기를 정리하면, 확산 과정에 의해 확률분포는 시시각각 바뀌어가고 서서히 무너져갑니다. 이때 확산 과정이 만들어내는 평균적인 플로는 각 위치를 기준으로 확률이 높은 위치에서 낮은 위치로 발생하고 있습니다(정확하게는 확률의 자연로그값이 높은 위치로부터 확률의 자연로그값이 낮은 위치로의 플로). 이 플로는 스코어에 의한 플로와 정확히 반대 방향입니다.

따라서 확산 과정을 역방향으로 거슬러 올라가기 위해서는, 각 시간과 위치에서 발생하는 스코어에 따라 변화시켜가야 합니다.

스코어와 에너지의 관계

스코어에 대해 더 자세히 이야기해보겠습니다. 각 지점에서 확률의 자연로그값이 가장 급격하게 증가하는 방향과 그 변화의 크기를 나타내는 벡터를 **스코어**라고 합니다(그림 33). 또한 에너지와 확률분포는 볼츠만 분포에 따라 대응된다고 설명한 바 있습니다. 상태(위치)를 평면좌표로, 에너지를 높이로 하는 등고선을 생각해봅시다. 에너지가 작을수록 확률이 높아지고 에너지가 클수록 확률이 낮아진다는 점에 유의해주세요. 이때 각 지점에서 가장 급격하게 에너지가 작아지는 방향과 크기를 나타내는 벡터가 스코어와 일치합니다. 즉, 확산 모델을 기반으로 데이터를 생성하는 플로는 에너지가 가장 급격하게 감소하는 플로와 일치합니다. 바꾸어 말하면, 에너지 기반 모델에서 에너지를 낮추어가는 플로와 스코어가 일치합니다. 에너지 기반 모델의 경우에는 시간이 지나더라도 변하지 않는 에너지를 사용하는 것에 비해, 확산 모델의 경우에는 시간과 함께 에너지가 변하도록 되어 있습니다. 이 차이가 중요한데, 이것이 확산 모델이 다양성이 있는 분포로부터도 효율적으로 데이터를 샘플링할 수 있는 이유이기 때문입니다.

1　옮긴이 방향만을 구하자면 확률의 변화 방향과 확률의 로그값의 변화 방향은 같습니다. 다만 이후('시간과 함께 바뀌어가는 스코어' 절) 설명하듯이 변화의 '크기'까지 생각하면 확률의 로그값을 사용하는 것이 더 도움이 됩니다.

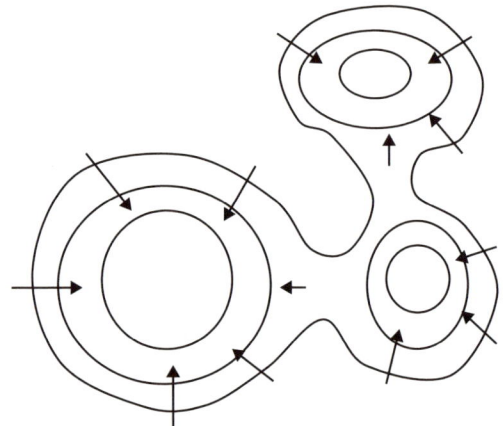

그림 33 이 그림은 2차원 확률분포를 나타내고 있으며, 스코어는 각 지점에서 확률의 자연로그가 가장 급격하게 커지는 방향과 그 변화의 크기를 나타내는 벡터(화살표)임. 또한 볼츠만 분포에 의한 에너지와 확률의 대응이라는 관점에서 보면, 스코어는 에너지가 가장 급격하게 작아지는 방향과 그 변화의 크기를 나타내는 벡터와 일치함.

시간과 함께 바뀌어가는 스코어

지금까지 살펴본 바와 같이 확산 모델에 의해 확산 과정을 역방향으로 거슬러 올라간다는 것은, 각 시점의 스코어에 의한 플로에 따라 데이터를 천이시켜가는 것이었습니다.

스코어에 의한 플로는 지금의 위치로부터 어느 쪽 방향에 데이터 분포가 존재하는지를 나타내는 나침반 역할을 합니다. 주변에 데이터가 없는 지역에서도, 스코어는 데이터가 존재할 확률이 높은 영역에 도달하려면 어느 방향으로 가야 하는지 알려줍니다.

또한 확산 모델을 만들 때 확률분포가 무너져가는 단계마다 무너진 후의 스코어를 구합니다. 여기서 확률분포가 무너져간다는 점도 중요합니다. 확산 과정에서 데이터 분포가 무너지기 시작한 직후[2]에는 스코어가 데이터 주변에만 존재합니다. 데이터에서 멀리 떨어진 곳의 확률분포는 평탄하고 변화가 없으며 스코어도 크기가 거의 0인 벡터, 즉 플로가 전혀 없게 됩니다.

---

2 옮긴이 데이터가 단계적으로 무너져간다고 보는 경우에, 무너지기 시작했을 때를 뜻합니다.

고차원 공간은 매우 광대하다고 설명했습니다. 적당히 초기화한 상태에서 (생성을) 시작하면, 대부분의 경우에는 데이터 분포에서 멀리 떨어져 있으므로 스코어의 플로를 사용하여 데이터 분포에 도달하려고 해도 플로가 없어서 나아갈 수 없습니다. 마치 해류가 전혀 없는 큰 바다 한가운데에 던져진 것과 같습니다. 또한 생성 도중에 이산화 오차 및 모델 오차로 인해 데이터가 원래 존재하지 않는 영역으로 들어가서 길을 잃을 수도 있습니다.

그래서 시간 개념이 도입됩니다. 서서히 확률분포를 무너뜨려가면서 각각의 시간마다 스코어를 구합니다. 이렇게 하는 경우에는, 데이터가 충분히 무너진 상태가 되면 고차원 데이터 공간 전체를 커버하는 플로가 만들어집니다(그림 34).

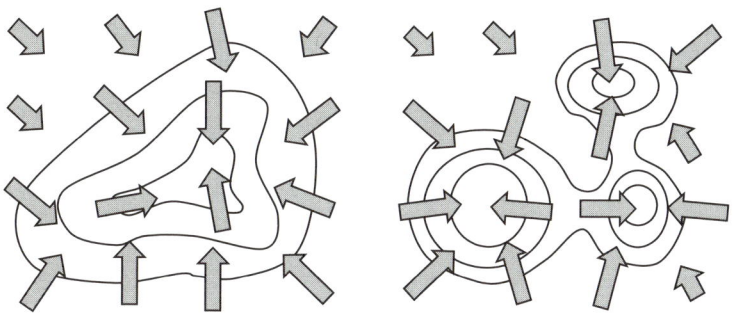

확산 과정의 후기(생성 과정의 초기)의 스코어　　확산 과정의 초기(생성 과정의 후기)의 스코어

그림 34　스코어(화살표)는 확률이 높은 영역이 어디인지를 가리키는 플로가 됨. 또한 플로는 매 시각 변해가는데, 사전분포에 가까울 때는 먼 곳으로부터 완만하게 다가오는 플로가 되고, 데이터 분포에 가까워질수록 데이터 분포의 세밀한 차이를 포착할 수 있는 플로가 됨.

그리고 생성 시에는 그 반대 방향으로 거슬러가는 것입니다. 사전분포에서 시작한 직후에는 플로가 완만하지만 착실하게 데이터 분포 확률이 높은 방향을 향하는 플로를 잡아서 이동할 수 있습니다. 시간이 지남에 따라 더 상세한 데이터 분포에 대응되는 스코어를 따라 이동할 수 있으며 데이터를 변화시켜갈 수 있습니다.

또한 스코어는 확률 자체가 아니라 **확률 로그값**의 등고선으로부터 만들어낸다는 점도 중요합니다. 로그를 취하면 확률이 작은 곳에서도 기울기가 커져서 큰 플로를 만들어낼 수 있기 때문입니다(확률 로그의 기울기를 계산하면 원래 확률의 기울기를 확률로 나눈 값이

되므로,³ 확률이 작은 영역에서는 기울기가 오히려 커집니다).⁴

디노이징 스코어 매칭

지금까지의 설명을 통해 스코어라는 플로만 구할 수 있다면 확산 모델이 데이터를 생성할 수 있다는 것을 이야기했습니다. 그런데 실은 이 스코어는 데이터 분포에서 사전분포로 향하는 플로 전체를 시뮬레이션하지 않고도 구할 수가 있습니다. 이것이 확산 모델의 큰 특징입니다.

이전 장에서 설명한 것처럼 학습을 위해 매번 플로 전체를 시뮬레이션하려고 하면 계산량이 너무 커진다는 문제가 있습니다. 이에 비해 확산 모델의 학습에 사용되는 **디노이징 스코어 매칭**denoising score matching이라는 방법은 시뮬레이션 없이 스코어를 구할 수 있다는 큰 특징이 있습니다. 이를 통해 대형 모델을 처리할 수 있게 되었습니다.

디노이징 스코어 매칭은 다음과 같은 과정으로 스코어를 구합니다(그림 35).

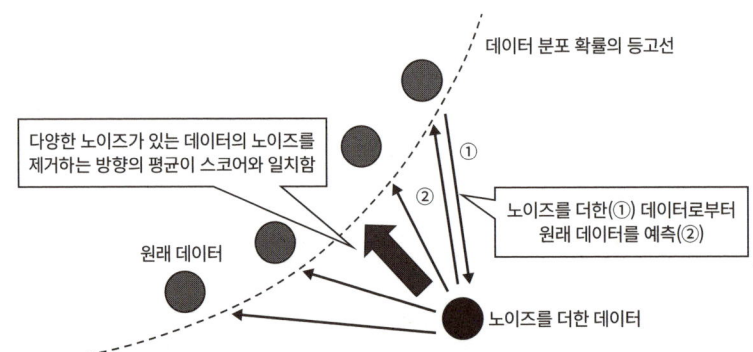

그림 35 디노이징 스코어 매칭은 노이즈를 추가한 데이터를 입력으로 하여 노이즈가 추가되기 전의 데이터를 예측함. 이 예측값 하나하나의 방향은 제각기 다르지만, 평균적으로는 스코어 방향을 예측하는 것이 최적이며, 노이즈를 제거(디노이징)하도록 예측하면 스코어를 예측할 수 있음.

---

3 [옮긴이] $\nabla \log P(x) = \frac{\nabla P(x)}{P(x)}$

4 [옮긴이] 이렇게 확률이 작은 영역에서 기울기가 더 커지는 것은 새삼스러운 것이 아닙니다. 이미 음의 로그 가능도(negative log-likelihood) 등과 같은 손실함수를 통해 우리가 사용하고 있는 유용한 특성입니다. 확률 대신 확률의 로그값을 사용하는 것에는 곱셈과 언더플로(underflow)를 피한다는 점 외에도 이 장점이 있습니다.

먼저 학습 데이터로부터 데이터를 하나 샘플링합니다. 다음으로 데이터 분포에서 사전 분포로 변환하는 도중의 시간을 하나 샘플링합니다. 그런 다음 그 시간에 대응하는 노이즈의 강도를 구해서 해당 강도의 노이즈를 데이터에 추가합니다.

다음으로, 신경망은 노이즈가 더해진 데이터와 시간으로부터 노이즈가 적용되기 전의 데이터를 예측할 수 있도록 학습합니다. 이때 원본 데이터 자체가 아닌 노이즈를 예측해도 됩니다. 더해진 노이즈만 예측할 수 있다면 현재 데이터에서 노이즈를 빼서 원본 데이터를 간단히 구할 수 있기 때문입니다.

이러한 방식으로 데이터에 노이즈를 더한 후에 그 노이즈를 제거하는 방법, 즉 디노이징이 가능하도록 학습합니다. 노이즈가 더해진 후의 데이터는 어떤 데이터로부터 온 것인지 알 수 없을 것이므로, 가능한 방법 중에서 최선의 디노이징이 이루어지도록 예측합니다. 즉, 다양한 노이즈를 제거하는 평균적인 방향을 예측하게 됩니다.

이렇게 함으로써 각 시간과 위치에 따르는 디노이징을 예측할 수 있게 됩니다. 그렇게 되면 주어진 현재 데이터로부터 디노이징된 원본 데이터가 얻어집니다. 이때, '디노이징된 데이터로부터 현재 데이터를 뺀 차이를, (원래) 더했던 노이즈의 평균적인 크기[5]로 나눈 값'이 스코어와 일치합니다.

직관적으로 생각해보면, 디노이징은 현재 데이터 분포에 노이즈를 더한 다음 원래 위치로 돌아가는 방향을 추정하는 것이 됩니다. 이때 원래 위치로 돌아가는 방향 하나하나는 각 위치에 따라 다 다르겠지만, 전체로서는 확률분포의 방향에 수직인 방향이 얻어집니다. 이는 확률의 로그값의 분포를 등고선으로 보는 경우에 그 등고선의 경사를 추정하는 것과 같습니다.

구체적인 예로, 이미지에 대한 디노이징 학습을 생각해봅시다. 노이즈를 더한다는 것은 이미지에 모래 폭풍과 같은 노이즈를 추가하는 것을 의미합니다. 경과 시간이 짧은 경우라면 약한 노이즈가, 긴 경우라면 강한 노이즈가 더해집니다. 그런 다음 디노이징은

---

[5] [옮긴이] 정확하게는 노이즈의 분산값을 사용합니다.

이 모래 폭풍이 더해진 이미지로부터 원본 이미지를 예측하는 작업이 됩니다.

시뮬레이션 프리 학습은 일부만을 대상으로 학습 가능

디노이징 스코어 매칭이 플로 전체를 시뮬레이션하지 않고 학습할 수 있다는 이점이 있다는 이야기를 앞서 했습니다. 시뮬레이션이 필요 없다는 것(**시뮬레이션 프리**)에 대해서 다뤄보고자 합니다.

지금까지 설명한 바와 같이 플로를 예측할 수 있는 모델은 매우 강력해야 합니다. 이러한 모델은 광대한 고차원 공간을 대상으로 하며 그 안의 복잡한 확률분포를 간접적으로 나타낼 수 있을 정도의 능력을 가져야 합니다. 따라서 모델을 크게 만들면 컴퓨터가 필요로 하는 메모리양이 엄청나게 커집니다.

시뮬레이션 프리라면 이러한 플로를 학습할 때 플로의 일부만을 추출해서 수정하는 과정을 반복하여 학습할 수 있습니다(그림 36).

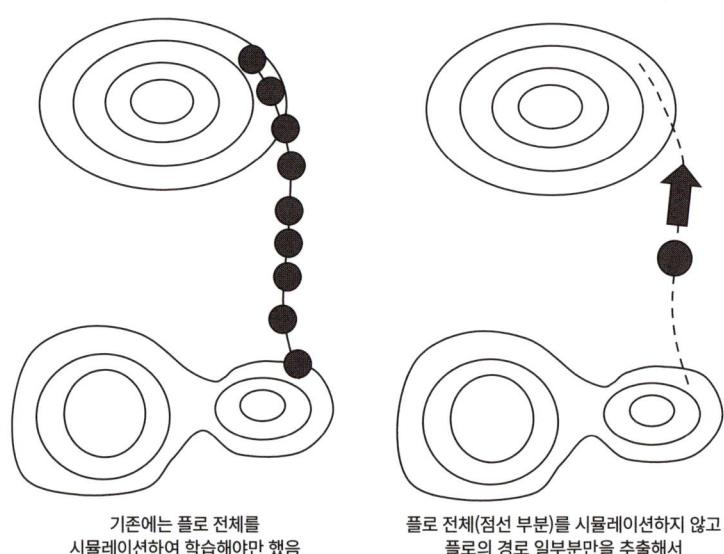

기존에는 플로 전체를
시뮬레이션하여 학습해야만 했음

플로 전체(점선 부분)를 시뮬레이션하지 않고
플로의 경로 일부분만을 추출해서
학습할 수 있음

그림 36 디노이징 스코어 매칭은 플로 전체를 시뮬레이션할 필요가 없으며 플로의 일부만을 대상으로 학습할 수 있음. 그래서 기존에는 불가능했던 대규모 신경망을 플로 추정에 사용할 수 있음.

예를 들어 로봇이 집에서 직장까지 자율주행이 가능하도록 학습시키는 경우를 생각해 봅시다. 한번 학습할 때마다 전 경로를 달려야만 한다면 얼마나 어려울지 쉽게 상상할 수 있을 것입니다. 반면에 시뮬레이션 프리에 의한 방법은 문제를 나눌 수 있습니다. 즉, '집에 있다면 우선 어디로 향할 것인지' 또는 '첫 번째 교차로에서는 어디로 향할 것인지' 라는 식으로 각각의 위치마다 어디로 향할 것인지를 수정해가는 방법입니다. 경로가 얼마나 긴지에 관계없이 각각의 문제를 독립적인 예측 문제로 다룰 수 있게 됩니다.

시뮬레이션 프리 학습은 플로를 구하는 문제를 단순히 각 시간과 위치에서의 방향과 속도를 예측하는 문제로 변환할 수 있습니다. 이 학습은 전체로서의 시뮬레이션이 얼마나 잘 돌아가는지로부터도 영향을 받지 않습니다.

시뮬레이션 프리 방법이 있었던 덕분에 오늘날과 같은 대형 모델로 많은 양의 학습 데이터를 사용하여 안정적으로 학습할 수 있게 된 것입니다.

확산 모델에 의한 학습과 생성 요약

지금까지 이야기한 확산 모델에 의한 학습 및 생성을 다시 요약해봅시다. 학습을 통해 확산 모델은 **디노이징 스코어 매칭**에 의해 각 시간과 위치에서의 스코어를 추정할 수 있게 됩니다. 생성할 때에는 사전분포로부터 데이터를 샘플링합니다. 그런 다음 시간을 역방향으로 거슬러 올라가면서 샘플링된 데이터를 스코어의 플로에 따라 업데이트해갑니다. 최종적으로 얻어지는 결과 데이터가 데이터 분포에서 샘플링된 데이터에 해당합니다.

확산 모델에 의해 만들어지는 플로의 특징

사전분포에서 데이터 분포를 만들어낼 수 있는 플로는 무수히 존재하지만, 그중에서도 **가우시안 노이즈**(정규분포를 따르는 노이즈)에 의해 데이터를 서서히 파괴함으로써 만들어지는 플로는, 실제 데이터 생성 과정과 유사한 플로를 만들어낼 수 있습니다. 이를 이미지를 예로 들어 설명하겠습니다.

예를 들어 개 이미지에 모래 폭풍과 같은 노이즈를 더한다고 생각해봅시다. 처음에는 작은 노이즈에 의해 털의 질감 같은 세부 사항이 파괴됩니다. 다음으로, 중간 정도의 노이즈는 눈, 귀 등을 원래 모양을 알아볼 수 없을 정도로 파괴하고, 마지막으로 큰 노이즈는 윤곽을 포함한 전체를 파괴함으로써 원본 이미지가 개였는지 어땠는지를 알 수 없게 만듭니다.

생성에서는 이의 반대 과정을 따라가게 됩니다. 먼저 개의 윤곽이 생성되고 그다음 눈과 귀, 마지막으로 털이 생성됩니다. 이미지나 소리 등의 정보는 세부적인 부분과 전체와 관련된 부분으로 구성되는데, 세부적인 부분은 고주파 성분으로, 전체와 관련된 부분은 저주파 성분으로 표현됩니다. 고주파 성분이 가우시안 노이즈에 의해 먼저 파괴되고 저주파 성분은 나중에 파괴됩니다. 반대로 생성 시에는 저주파 성분이 먼저 생성되고 고주파 성분이 나중에 생성됩니다.

확산 모델은 가우시안 노이즈가 규정한 플로에 의해, 개요에서부터 세부 정보까지 순서대로 생성하는 플로를 사용해서 생성하게 됩니다.

이와 같이 확산 모델에 의해 얻어진 생성 과정은 데이터 생성 과정을 닮은 플로를 가집니다. 그래서 학습이 쉽고 일반화도 쉬울 수 있습니다.

확산 모델과 잠재변수 모델의 관계

확산 모델은 이전 장에서 설명한 다양한 생성 모델과 접점이 있습니다.

우선, 확산 모델은 잠재변수 모델의 일종으로 볼 수 있습니다. 이전 장에서 설명한 것처럼 사전분포에서 샘플링된 데이터가 플로를 따라 차례차례 계층적 잠재변수로 샘플링되어가는 것에 해당합니다.

잠재변수 모델의 경우, 데이터(관측변수)로부터 잠재변수를 예측하는 인식 모델과 잠재변수로부터 데이터를 예측하는 생성 모델의 쌍을 학습할 필요가 있다는 이야기를 했었습니다.

실은 확산 모델을 변분 오토인코더(2장 참조)라고 볼 수도 있는데, 확산 과정을 학습이 필요 없는 고정 인식 모델로 볼 수도 있다는 것입니다. 즉, 확산에 의해 데이터를 파괴해 감으로써 그 데이터를 생성해내었을 추상적 표현을 나타내는 잠재변수를 자동적으로 획득한다고 볼 수 있습니다.

잠재변수 모델에서는 인식 모델을 학습시키는 것이 어렵다고 설명했습니다. 예를 들어 모든 데이터에 대해 동일한 잠재변수를 예측해버리고, 생성 모델에서도 추정된 이 잠재변수를 무시하는 현상(사후분포 붕괴)이 일어나기 쉽습니다. 이 때문에 기존의 잠재변수 모델에서는 잠재변수 계층의 수를 늘리거나 큰 규모의 모델을 학습시키는 것이 어려웠습니다.

이에 비해 확산 모델은 인식 모델로서 확산 과정을 그대로 사용하고, 이를 고정한 후에 그에 대응되는 생성 모델을 학습하는 것으로 볼 수 있습니다. 인식 모델이 고정되어 있기 때문에 생성 모델이 매우 학습하기 쉬워진다는 장점이 있습니다.

데이터 생성의 계통 발생 트리를 자동으로 학습

확산 과정이 실제로는 인식 모델이라는 관점을 더 잘 이해하기 위해 다른 설명을 해보겠습니다. 데이터에 노이즈를 더하면 서로 다른 두 데이터를 구분할 수 없게 됩니다. 예를 들어 매우 비슷하게 생긴 두 마리의 진돗개 사진이 있다고 합시다. 물론 원본 사진들에는 각각의 특징이 나타나 있으므로 구별할 수 있을 것입니다. 이 사진에 노이즈를 어느 정도 더하면 어떤 진돗개인지 구별할 수 없게 될 것입니다. 더 많은 노이즈를 추가하면 다른 개 품종의 사진과 구별할 수 없게 됩니다. 즉, 노이즈가 더해지면 더해질수록 점점 비슷한 사진(데이터)들 간에 구별이 안 될 것이고, 결국에는 원본 데이터들이 서로 섞여버리는 셈이 됩니다.

이 경우에 있어서 생성을 생각해보면, 이 과정을 반대 방향으로 거슬러 올라가는 것이 됩니다. 처음에 어떤 종류의 개를 생성할 것인가 하는 분기점이 있을 것이고, 거기서 진돗개를 선택합니다. 그런 다음 비슷하게 생긴 진돗개들 중에서도 어느 진돗개를 생성할 것인지를 정한다는 것입니다.

이렇게 노이즈로 인해 데이터가 구별할 수 없게 되어가는 과정을, 데이터의 계통 발생 트리를 만드는 것으로 생각할 수 있습니다. 데이터 생성은 이 과정의 반대 방향으로서, 어떤 데이터를 생성할 것인지를 분기점마다 선택해가는 것으로 생각할 수 있습니다.

확산 모델은 에너지 기반 모델

다음으로 확산 모델과 에너지 기반 모델 간의 관계에 대해 설명하겠습니다.

2장에서 에너지 기반 모델은 각 데이터의 에너지를 정의하며, 처음의 데이터를 에너지가 작아지는 방향으로 자발적으로 변화시켜감으로써 생성하고자 하는 데이터에 가까워져간다고 설명했습니다.

스코어는 이 **에너지 함수**가 만들어내는 등고선 상에서 에너지가 가장 급격하게 감소하는 방향과 일치합니다. 즉, 스코어에 따라 데이터를 변화시킨다는 것은 에너지가 작아지는 방향으로 데이터를 업데이트하는 것과 같아지는 것입니다.

이렇게 생각하면 확산 모델은 에너지 함수를 직접 추정하는 대신, 에너지 함수의 각 지점에서의 기울기인 스코어를 추정하는 방법이라고 볼 수 있습니다. 즉, 동일한 문제를 다른 표현으로 나타내고 그것을 추정한다고 할 수 있습니다. 에너지를 직접 추정하는 경우에는 분배함수 문제가 있지만, 스코어를 추정하는 경우에는 이를 구할 필요가 없고 **디노이징 스코어 매칭**에 의해 효율적으로 학습할 수 있습니다.

확산 모델은 플로를 사용하는 생성 모델

물론 확산 모델은 플로를 사용하는 생성 모델의 한 종류입니다. 플로에 의한 확률의 압축 및 팽창은 확산 모델의 경우에도 구할 수 있기 때문에, 확산 모델에서 확률(가능도)을 구할 수 있습니다. 정규화 플로 및 연속 정규화 플로와는 달리, 디노이징 스코어 매칭에 의해 시뮬레이션 프리로 학습할 수 있고 확산 과정에서 구한 스코어라는 좋은 성질을 가지는 플로를 사용하여 학습된다는 점이 큰 차이입니다. 확산 모델은 이전 장들에서 소개한 다양한 생성 모델에 의한 생성 기법들의 집대성입니다.

플로 매칭: 플로를 모아서 만드는 복잡한 플로

지금까지 확산 모델에 대해 설명했습니다. 이제부터는 플로를 사용하는 또 다른 생성 모델로서 **플로 매칭**을 소개합니다. 플로 매칭은 기본 단위 플로를 여러 개 모아서 복잡한 분포 간의 플로를 구하는 것입니다.

확산 모델과 비교하자면, 확산 모델에서는 사전분포로는 확산된 결과의 분포(일반적으로는 정규분포)만 사용할 수 있고, 생성에 사용되는 플로는 스코어로 고정되어 있었습니다. 이에 비해 플로 매칭은 임의의 분포 간의 플로를 구할 수 있으며, 거기에 사용하는 기본 단위 플로를 자유롭게 설계할 수 있습니다.

플로 매칭이 특히 좋은 점은, 성질이 특별히 좋은 최적 운송이라는 플로가 기본 단위 플로로 사용될 때 특히 강력해진다는 것입니다. 플로 매칭 기법 자체는 기본 단위 플로로서 임의의 플로를 사용할 수 있지만, 여기에서는 최적 운송을 기본 단위 플로로 사용하는 경우만을 설명하겠습니다. 이 최적 운송이라는 것이 무엇인지부터 다음 절에서 이야기하겠습니다.

최적 운송

최적 운송optimal transport은 확률 이론과 최적화 이론에서 널리 사용되는 수학적 개념입니다. 최적 운송은 1781년 프랑스의 수학자 가스파르 몽주Gaspard Monge에 의해 제안되었으며, 이후 제2차 세계대전 당시 소련의 수학자이자 경제학자인 레오니트 칸토로비치Leonid Kantorovich가 자원의 효율적인 배분 문제를 해결하기 위해 더욱 발전시켰습니다. 이들의 이름을 딴 '**몽주-칸토로비치 문제**'라고도 불립니다. 칸토로비치는 1975년 최적 운송을 포함하는 자원의 최적 배분에 관한 일련의 연구로 노벨 경제학상을 수상했습니다.

최적 운송의 기본적인 시나리오로서, 다른 장소에 쌓여 있는 흙더미들을 메워야 할 구멍이 있는 위치들로 최소 비용으로 옮기는 문제를 생각해봅시다(그림 37). 여기서 비용은 옮길 흙더미의 양과 거리에 비례한다고 합시다. 이때 최적 운송이란 전체 운송 비용을 최소화하는 이동 경로를 구하는 것입니다. 흙더미는 가능한 한 현재 위치에서 가까운 위치로 옮겨야 하겠지만 전체로서 최적 배치를 생각해야 합니다.

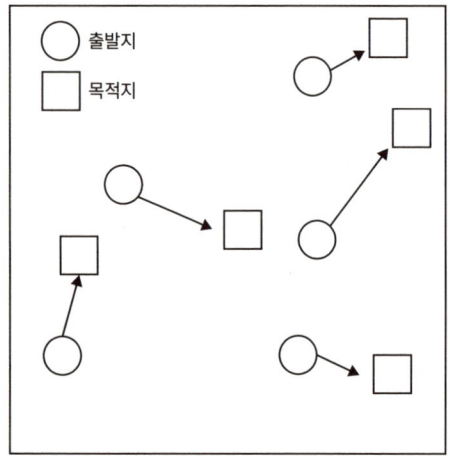

그림 37 최적 운송은 출발지에서 목적지까지 최소 비용으로 운송하는 문제임. 비용은 운송량과 거리에 비례함(일반화는 본문 참조).

이 이론은 물류 및 제조업과 같은 여러 생산지와 소비지를 가지는 자원의 배치 및 할당 문제에 광범위하게 적용 가능하며, 실제로 현장에서 중요하게 사용됩니다.

이때 출발지에서 목적지까지 전체 비용이 최소화되는 이동을 최적 운송이라고 합니다. 이 최적 운송에서 출발지와 목적지 사이의 두 지점을 연결하는 경로는 (평탄한[6] 공간이나 유클리드 공간에서는) 항상 직선이 된다는 특징이 있습니다.

---

[6] [옮긴이] 여기서 평탄하다는 의미는 '굽어 있는(curved)' 공간이 아니라는 의미입니다. 지구 표면을 생각해보면, 우리는 일상적으로 지구 표면을 평면으로 인식하므로 두 지점을 연결하는 경로를 직선이라고 생각합니다. 그러나 실제로는 지구의 곡률을 가지는 곡선입니다. 이런 관점에서 보면, 우리가 일상을 보내는 공간도 실제로는 '굽어 있는' 측면이 있습니다. '플로 매칭의 발전' 절에서 다시 언급됩니다.

최적 운송을 사용하는 생성

이 최적 운송은 확률분포 간의 플로에 그대로 적용될 수 있습니다. 구체적으로는, 사전분포로부터 데이터 분포로의 최적 운송을 구할 수 있다면, 사전분포에서 샘플링해서 최적 운송에 의해 변환한 결과가 데이터 분포로부터의 샘플링에 해당하게 됩니다.

최적 운송 자체는 출발지의 분포와 목적지의 분포를 대응시키는 것이지만, 이들 사이의 플로는 각 출발지와 목적지를 연결하는 직선상에서 물질이 **등속직선운동**하는 플로로 생각하면 됩니다. 이 경우에 사전분포상에 있는 물질은 시작 직후부터 최종 목적지까지 일직선으로 나아가는 셈이 됩니다.

최적 운송에 의한 플로가 확산 모델에 의해 만들어진 플로와 어떻게 다른지 살펴보겠습니다. 확산 모델의 경우, 확산 과정에 의해 데이터 분포에서 사전분포로 향하는 플로를 구해서, 그 역방향의 플로를 구성합니다. 확산 모델에 의한 플로는 일반적으로는 최적 운송이 아니며 사전분포에서 시작하는 데이터는 직선이 아닌 약간 돌아가는 듯한 경로로 최종 분포에 대응되는 위치에 도달합니다.

이에 비해 최적 운송에 의한 플로 경로는 직선입니다. 따라서 한 스텝으로 생성할 수 있습니다. 즉, 사전분포에서 샘플링된 데이터에 대해 최적 운송에 의한 목적지를 한 스텝으로 구할 수 있습니다. 확산 모델을 사용하여 샘플링하려면 수백에서 수천 스텝이 필요한 것에 비해, 수백 배에서 수천 배 더 빨라질 수 있는 것입니다.

최적 운송을 직접 구하는 것은 계산량이 너무 큼

이러한 방식으로 최적 운송을 사용하는 데이터 생성은 이론적으로는 유망하지만 엔지니어링 문제가 있습니다. 데이터 포인트의 수가 많으면 최적 운송을 구하기 위해 필요한 계산량이 급격히 증가한다는 것입니다. 컴퓨터는 연속인 값의 분포를 직접 다룰 수 없기 때문에, 최적 운송을 구할 때는 확률분포를 이산화해서 데이터 포인트 집합 간의 최적 운송을 구해야 합니다.

이 경우 데이터 포인트의 수가 증가함에 따라 최적 운송을 구하는 데 필요한 계산량이 폭발적으로 증가합니다. 데이터 포인트 수가 적은 경우에는 선형계획법이라는 방법이나 그래프를 사용하는 방법으로 효율적으로 구할 수 있지만, 포인트 수가 많아지면 필요한 계산량이 급격히 늘어납니다. 예를 들어 현재 가장 빠른 방법을 사용하더라도 최대 약 수천 개 수준의 데이터 포인트에 대한 최적 운송밖에 구할 수 없습니다(근사적인 해를 구하는 경우라도 최대 수백만 포인트 수준임. 이 경우에는 GAN과 관련된 방법으로 최적 운송을 구하게 됨).

한편, 일반적인 생성 모델을 학습하는 데 사용되는 학습 데이터의 양은 수만 개 정도이고, 많은 경우에는 수백만 개에서 수억 개가 됩니다. 따라서 사전분포에서 데이터 분포로의 최적 운송을 직접 구하는 것은 일반적으로는 어렵습니다.

이러한 문제를 피하기 위해, 플로 매칭을 기반으로 하는 방법은 계산 가능한 크기의 최적 운송 문제로 분해하고 이러한 플로들을 모아서 분포 간의 플로를 구하게 됩니다.

플로 매칭의 학습

플로 매칭을 기반으로 하는 방법은 각 데이터 포인트마다의 사전분포로부터 데이터 포인트까지의 최적 운송들을 모아서, 사전분포에서 데이터 분포까지의 플로를 구합니다.

구체적으로는 다음과 같이 학습됩니다(그림 38). 먼저 데이터 분포에서 데이터 하나를 샘플링합니다. 실제로는 데이터 포인트이지만 그 자체가 분포로 간주될 수 있도록 데이터 포인트를 중심으로 해서 주변에 퍼져 있는 데이터 포인트 분포[7]로 생각합니다.

---

[7] [옮긴이] 일반적으로 쓰이는 용어는 아니고, 설명을 위해서 저자가 만들어낸 표현입니다.

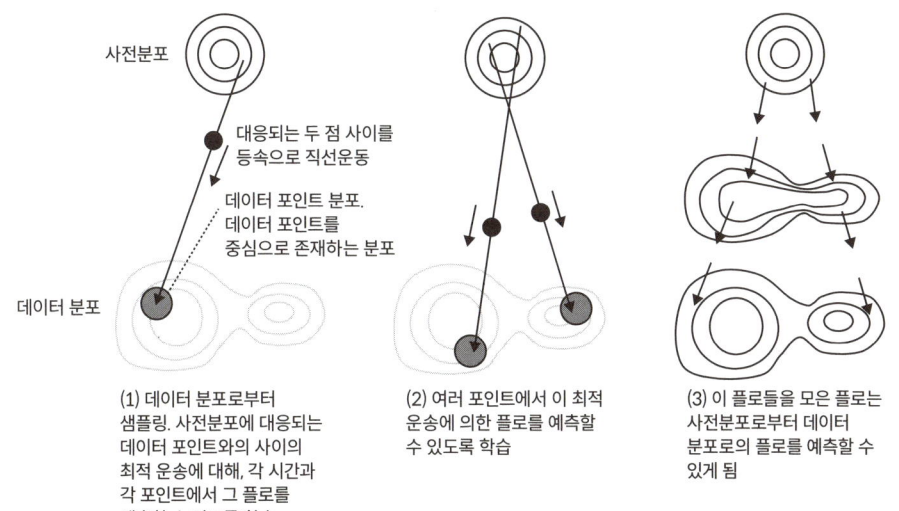

그림 38 플로 매칭을 기반으로 하는 사전분포로부터 데이터 분포까지의 플로 학습. 데이터 분포에서 샘플링된 데이터 포인트를 분포(그림에서는 회색 원으로 분포를 나타냄)로 간주해서, 사전분포와 데이터 포인트를 중심으로 하는 가상의 분포 간의 최적 운송을 예측하도록 학습함. 이들을 모은 플로가 사전분포로부터 데이터 분포로의 플로가 됨.

다음으로 사전분포에서 이 데이터 포인트 분포로 향하는 최적 운송을 생각합시다(위에서 설명한 바와 같이 기본 단위 플로는 최적 운송이 아니어도 됨). 앞서 최적 운송을 구하는 것이 어렵다고 했지만, 출발지의 분포와 목적지의 분포가 모두 정규분포인 경우에는 정규분포상에서 대응되는 두 점을 골라서 그 사이를 등속직선운동하는 운송이 최적 운송이 되므로 간단히 구할 수 있습니다. 이 플로를 기본 단위 플로로 사용합니다.

이 기본 단위 플로 도중의 적당한 시간을 샘플링해서, 그 위치에서의 플로를 예측할 수 있도록 학습합니다.

이 과정을 반복하여 여러 가지 기본 단위 플로를 가능한 한 가장 작은 오차로 예측할 수 있게 된 모델은, 결과적으로 이러한 플로들을 모은 플로를 예측할 수 있습니다(참고: 이 아이디어를 발표한 원래 논문[8]에서는 기본 단위 플로를 **조건부 플로**conditional flow, 그것을 모은

---

[8] [옮긴이] 책 마지막 부록 B에 수록한 참고 문헌 중 "Flow Matching for Generative Modeling" 논문입니다.

플로를 **주변화 플로**marginal flow라고 부릅니다).

플로 매칭은 디노이징 스코어 매칭과 마찬가지로, 시뮬레이션 없이 시뮬레이션 프리로 학습할 수 있습니다. 모은 플로 전체를 한 번도 재현하지 않고도 로컬 플로를 추정할 수 있도록 모델을 학습시켜서 전체 플로를 재현하게 됩니다.

플로 매칭의 발전

기본 단위 플로가 사전분포에서 데이터 포인트 분포로의 최적 운송이라고 하더라도, 이들을 모아서 얻어진 플로가 사전분포에서 데이터 분포로의 최적 운송이 되는 것은 아닙니다. 다만 최적 운송에 가까운 플로이기는 할 것입니다.

기본 단위 플로를 만드는 방법을 고안하여 최적 운송에 가까운 플로를 얻기 위한 연구가 진행 중입니다. 예를 들어 앞서 최대 수천 포인트 정도까지는 최적 운송을 구할 수 있다고 설명했습니다. 이 방법을 이용하여 매번 사전분포와 데이터 분포로부터 계산 가능한 범위 내에서 데이터 포인트를 샘플링해서 데이터의 최적 운송을 구한 후에, 그것을 기본 단위 플로로 간주하고 이들을 모은 플로를 사용하는 방법이 연구되고 있습니다.

또한 플로 매칭은 운송 비용을 자유롭게 설계할 수 있는 특징을 가지고 있습니다. 예를 들어 우리가 일반적으로 생활하는 공간은 평탄하며 이를 **유클리드 공간**이라고 합니다. 한편 공간이 구부러지는 경우를 처리해야만 하는 경우가 분야(우주, 양자)에 따라 종종 있습니다. 이러한 문제를 다룰 때는 이러한 구부러진 공간에 맞춘 운송 비용을 설계함으로써 해당 상황에서 최적의 운송을 고려하는 생성 모델도 가능합니다.

조건부 생성은 조건부 플로로 실현

여기서부터는 확산 모델과 플로 매칭을 포함하는, 플로를 사용하는 생성 모델에 공통되는 주제를 다루겠습니다.

이 책의 처음에 설명했듯이 생성 문제에서는 조건부 생성을 하는 경우가 일반적입니다. 플로를 사용한 생성에서는 조건부 생성을 간단히 실현할 수 있습니다.

구체적으로는, 조건부 생성을 학습할 때 플로를 예측하는 모델은 입력으로써 위치와 시간 외에 조건도 받아서 그 조건하에서 플로를 예측합니다. 예를 들어 '아이들이 야구를 하고 있는 그림'이라는 지시를 조건으로 하는 경우를 생각해보겠습니다. 이 경우에 먼저 이 지시를 신경망에서 수치들의 모음으로 변환합니다. 사람이 이 수치들의 모음을 읽어서 이해할 필요는 없으며 플로를 예측하는 모델이 이 정보를 사용하게 됩니다. 이 수치 정보의 모음을 **임베딩 벡터**라고 합니다. 임베딩 벡터는 문장의 의미가 들어 있는 정보입니다.

신경망은 이 임베딩 벡터를 기반으로, 주어진 위치와 시간에서의 플로를 추정합니다. 임베딩 벡터가 바뀌면 플로도 바뀝니다.

플로를 예측하는 모델은 '아이들이 야구를 하고 있는 그림'이라는 조건(임베딩 벡터)을 기반으로, 생성 도중의 그림(위치)과 진행 정도(시간)에 대해서 어떻게 데이터를 업데이트하면 좋은지를 학습하게 됩니다.

학습 시에는 각각의 조건에서 플로를 예측할 수 있도록 엄청난 양의 조건을 제공합니다. 이렇게 해서 학습 시에는 본 적이 없었던 새로운 조건에 대해서도 맞는 예측을 할 수 있게 됩니다.

이 임베딩 벡터는 가능한 한 원본 정보를 잘 표현할 수 있어야 합니다. 비슷한 의미끼리는 가깝게, 다른 의미끼리는 멀어지게 하며 정보가 빠짐없이 표현되어야 합니다. 언어 정보를 잘 표현할 수 있는 대규모 언어 모델이 발전함으로써 그 내부 상태를 임베딩 벡터로 활용할 수 있게 되었으며, 언어로 조건을 부여하는 생성 모델이 비약적인 성능 향상을 달성할 수 있었습니다.

잠재 확산 모델: 원래 데이터를 잠재공간으로 변환하여 품질 개선

많은 확산 모델과 플로 매칭 모델은 원래 데이터 공간에서 그대로 학습하는 것이 아니라, 데이터를 한 번 다른 공간으로 변환하여 그 잠재공간에서 플로를 학습하는 경우가 많습니다. 이 다른 공간에서의 표현을 **잠재변수**라고 합니다.

지금 설명한 잠재변수와 확산 모델의 맥락에서 언급되는 잠재변수는, 명칭은 같지만 다른 것을 의미한다는 점에 유의해주세요. 확산 모델의 경우에는 원래 데이터 공간을 그대로 사용[9]하며, 그 안에서 확산 과정에 의한 인식 모델에 의해 잠재변수들이 단계적으로 생성됩니다. 이와는 달리, 지금 설명한 잠재공간은 일반적으로 원래 데이터 공간보다 훨씬 적은 수의 차원을 가지는 공간이며 확산 모델과는 독립적으로 구하게 됩니다.

예를 들어 **오토인코더**는 이 잠재공간을 학습하는 데 자주 사용됩니다. 오토인코더는 인코더를 사용하여 원본 데이터를 잠재공간으로 변환합니다. 그런 다음 디코더를 사용하여 원래 데이터로 되돌리는데, 원본 데이터를 복원할 수 있도록 인코더와 디코더를 동시에 학습시킵니다. 결과적으로 원래 데이터 공간 내에 있었던 핵심적이지 않은 redundant 정보가 제거됨으로써, 잠재공간이 다양체 공간을 나타내게 될 것으로 기대할 수 있습니다.

이러한 방식으로 원본 데이터를 잠재공간으로 옮긴 후, 확산 모델은 이 잠재공간 내의 데이터에 대해 확산 과정에서의 (명칭은 같지만 다른) 잠재변수를 사용하게 되는 것입니다.

이렇게 하면 학습 및 추론에 필요한 계산량이 수십 분의 1로 줄어들 뿐만 아니라 품질도 크게 향상됩니다.

---

[9] (옮긴이) 확산 모델에서의 사전분포와 데이터 분포는 일반적으로 같은 공간을 사용합니다.

요약

이 장에서는 확산 모델과 플로 매칭을 이용하는 플로 기반 생성 방법을 소개했습니다. 이러한 모델은 스코어 또는 최적 운송과 같은 우수한 성질을 갖는 플로를 기반으로 데이터를 생성할 수 있는 플로를 학습합니다. 또한 시뮬레이션 프리 학습이 가능하므로, 기존에는 사용할 수 없었던 큰 모델을 써서 대량의 학습 데이터를 이용해 안정적으로 학습할 수 있게 되었습니다.

CHAPTER 5

플로를 사용한 기술의 향후 전망

플로를 이용한 생성 기술은 큰 성과를 거두었지만 여전히 많은 수수께끼와 과제가 남아 있습니다. 또한 이 기술은 생성뿐만 아니라 계산이나 최적화 등 다양한 문제에 응용될 것으로 기대됩니다. 이 장에서는 플로에 대한 현재 연구의 최전선에 대해 해설하고, 앞으로의 발전이 기대되는 몇 가지 중요한 주제들을 다뤄보겠습니다.

일반화의 수수께끼 해명

생성 모델의 궁극적인 목표 중 하나는 생성의 **일반화**를 달성하는 것입니다. 즉, 학습 시에 사용된 데이터 자체를 똑같이 재현하는 것이 아니라 학습 데이터에서 얻은 지식을 기반으로 새 데이터를 생성할 수 있도록 하는 것입니다.

생성 과제에서는 두 가지 의미의 일반화를 달성해야 합니다. 첫 번째는 생성 대상의 일반화입니다. 학습 시에는 생성 결과의 일부 예가 제공되지만 모든 생성 결과가 제공되는 것은 아닙니다. 학습 데이터에 없는 새로운 데이터를 생성할 수 있는 일반화가 필요합니다. 두 번째는 조건의 일반화입니다. 학습 시에는 조건의 몇 가지 예만 제공됩니다. 생성 시에 처음으로 주어지는 조건에 대해서도 정확히 대응할 수 있는 일반화가 필요합니다.

플로를 사용한 생성에서도 이러한 일반화가 일어납니다. 그러나 일반화가 어떻게 일어나는지에 대한 이해는 여전히 발전 중입니다. 플로를 사용한 생성의 일반화는 플로를 예측하는 신경망의 학습 과정에서의 일반화와, 그것이 만들어내는 플로에서의 일반화라는 두 가지 수준에서 발생하는 것으로 생각되고 있습니다.

신경망은 다양한 작업에서 원래부터[1] 우수한 일반화 능력을 가지고 있는 것으로 나타나고 있습니다. 그래서 플로를 예측하는 작업에 있어서도 학습 시에 보았던 조건, 시간, 위치(생성 대상)에 대한 플로로부터, 본 적이 없었던 조건, 시간, 위치에서의 플로도 예측할 수 있도록 학습됩니다. 이러한 플로 예측의 일반화가 일어난 결과가 생성 작업에서의 일반화로도 연결된다는 것입니다. 예를 들어 오른쪽을 향한 개의 이미지 데이터만 학습 데이터에 들어 있었더라도, 왼쪽을 향하는 고양이나 소의 이미지 데이터가 학습되어 있다면 왼쪽을 향하는 개의 이미지도 생성할 수 있게 됩니다.

또한, 신경망에 의한 일반화만이 아니라, 확산 모델 구조 자체에 의한 일반화가 매우 강력하다는 것이 이론 해석과 실험 결과로부터 확인되고 있습니다. 예를 들어 학습 데이터를 완전히 두 부분으로 나누어 각 데이터를 사용하여 확산 모델을 학습하더라도 얻어진 모델의 모델 분포는 거의 동일하다는 것이 밝혀졌습니다. 이는 확산 모델에 의한 학습이 단순히 학습 데이터를 흉내 내는 것이 아니라 새로운 데이터를 만들어낼 수 있다는 증거입니다.

일반화를 이해하는 것은, 학습 데이터를 어떻게 참조해서 새 데이터를 생성하고 있는지 그리고 왜 의도하지 않은 생성 결과가 발생하는지를 이해하는 데에 너무나 중요합니다. 예를 들어 일반화는 **헐루시네이션**hallucination[2]이라는 현상을 일으키는 경우가 있습니다. 학습 데이터에는 존재하지 않는 비현실적인 데이터를 생성해버리는 문제입니다. 이미지, 오디오 및 비디오를 생성할 때는 이 현상이 문제가 되지 않는 경우도 많지만, 사실을 기반으로 생성을 하려는 경우에는 중대한 문제를 일으킬 수 있습니다. 따라서 일반화를 보다 정밀하게 제어할 수 있는 것이 바람직합니다.

---

1 옮긴이 '신경망이 일반화 능력이 높은 이유도 아직 우리가 정확히는 모르지만'이라는 뜻입니다.
2 옮긴이 '환각'으로 번역되기도 합니다.

또한 플로에 의한 특징이 일반화에 어떤 영향을 미치는지도 아직 명확하게 밝혀지지 않았습니다. 확산 모델은 **스코어** 기반 플로를 사용하여 생성하며, **플로 매칭**은 주로 **최적 운송**을 기반으로 하는 플로를 사용합니다. 그 밖에도 다양한 플로가 제안되고 있습니다. 스코어와 최적 운송에 기반한 플로가 학습과 일반화에 어떤 영향을 미치는지 밝혀지기를 기대합니다.

대칭성을 고려한 생성

플로를 사용하는 생성의 주요 특징 중 하나는 데이터에서 보이는 **대칭성**을 담을 수 있다는 점입니다. 예를 들어 화합물 생성 문제를 생각해봅시다. 화합물은 3차원 공간에서 이동하거나 회전하더라도 동일한 화합물을 나타냅니다. 따라서 화합물이 이동되거나 회전되더라도 이들의 생성 확률은 변하지 않는 것이 좋을 것입니다.

1장에서 다루었듯이 데이터에 어떤 변환(이 경우는 이동 또는 회전)이 적용되더라도 데이터의 성질이 변하지 않는 것을 '대칭성이 있다'라고 합니다.

생성 작업에서도 대칭성을 담아냄으로써, 부자연스러운 데이터가 생성되는 것을 방지할 수 있을 뿐만 아니라 학습 데이터가 적은 경우에도 높은 일반화 성능을 발휘할 수 있는 장점이 생깁니다.

대칭성을 담는 생성은 일반적으로 어렵지만, 플로를 사용하는 생성에서는 대칭을 명시적으로 담기가 용이합니다. 구체적으로는 플로를 이용한 생성에서 대칭성을 고려하는 생성을 하기 위해서는 다음의 두 가지 조건이 충족되어야 한다는 것이 알려져 있습니다. 첫 번째 조건은 사전분포에 입력에 대한 변환이 적용되더라도 그 분포가 바뀌지 않을 것입니다. 두 번째 조건은 각 시간마다의 입력에 대해 변환을 적용하면 플로도 변환될 것(**동변성**equivariance이라고 함)입니다. 이미 많은 입력에 대한 변환에 대해 동변성을 갖춘 신경망이 등장했으며 이를 이용해서 대칭성을 담아내는 생성이 실현되고 있습니다.

현재는 다양한 대칭성을 사람이 명시적으로 설계해서 도입하고 있지만, 앞으로는 데이터와 학습 과정으로부터 미지의 대칭성을 자동으로 학습해서 이를 이용하는 생성이 가능해질 것입니다.

어텐션 메커니즘과 플로

오늘날의 AI에 쓰이는 모델인 신경망에서는 **어텐션 메커니즘**attention mechanism이라는 구조가 널리 사용되고 있습니다. 이것은 입력 데이터에 따라 내부적으로 데이터를 어떻게 주고받을지를 제어하는 메커니즘이며, 특히 오늘날 널리 사용되는 **트랜스포머**Transformer라는 모델에서는 **셀프 어텐션 메커니즘**self-attention mechanism이 핵심이 되어 있습니다.

이러한 어텐션 메커니즘은 몇 가지 제약 조건하에서 에너지 기반 모델로 표현될 수 있습니다. 구체적으로는 에너지 함수를 적절히 설계함으로써, 에너지를 감소시키는 방향으로 상태를 업데이트한 결과가 어텐션 메커니즘에 의한 계산과 거의 동일한 형태가 되게 할 수 있습니다. 거꾸로 어텐션 메커니즘에 의한 상태의 업데이트가 에너지와 같은 양을 줄이는 작용에 해당한다고 볼 수 있습니다. 즉, 어텐션 메커니즘은 에너지 기반 모델의 한 유형으로 간주될 수 있으며, 어텐션 메커니즘에 의해 일어나는 데이터의 플로는 에너지 기반 모델에서의 상태 업데이트의 일종으로 해석될 수 있습니다.

생성 작업에서는 플로가 분포를 조정해가는 데에 사용되었지만, 앞으로는 트랜스포머처럼 계산을 통해 데이터를 제어하는 데에 사용될지도 모릅니다.

플로에 의한 수치 최적화

최적화 문제는 다양한 분야에서 볼 수 있는 보편적인 문제로서 목적함수라는 함수를 최대화하거나 최소화하는 입력을 구하는 문제를 말합니다. 그러나 목적함수가 특정한 성질[3]을 갖지 않는 한 일반적으로 최적화 문제를 효율적으로 풀기는 어렵습니다.

---

3 [옮긴이] 가장 대표적인 것으로는 볼록성과 미분 가능성이 있을 것입니다.

이 최적화 문제를 이 책에서 설명한 **플로**를 사용하는 생성을 이용해서 효율적으로 해결할 수 있을 가능성이 있습니다. 목적함수를 최소화하는 입력값을 구하는 문제를 생각해봅시다. 이 경우에 목적함수의 값을 에너지로 간주해서 **볼츠만 분포**를 적용하면 확산 모델에 의한 생성 문제로 간주할 수 있습니다. 이렇게 생각하면 목적함수를 최소화하는 입력값은 생성 확률이 가장 높은 샘플에 해당합니다.

다양한 조건부 최적화 문제를 조건부 생성 문제로 변환해서 이를 학습하고 적절하게 일반화할 수 있다면, 모델은 새로 주어진 최적화 문제를 조건부 생성 문제로 다룸으로써 가능한 한 많은 수의 최적해 후보들을 효율적으로 생성할 수 있을 가능성이 있습니다.

인간은 원래 좋은 직관력을 가지고 있고, 특히 훈련을 쌓은 사람이라면 비슷한 최적화 문제를 풀어본 적이 있을 때, 새로운 최적화 문제를 만나더라도 최적해까지는 아니어도 상당히 좋은 해를 처음부터 찾아낼 수 있습니다. 이러한 사람의 직관처럼, 다양한 최적화 문제에서 학습된 플로를 사용하는 모델은 '이 후보 해는 이런 식으로 개선하면 좋아질 것 같다'와 같은 직관을 가지는 모델이 됩니다. 이 새로운 접근 방식은 기존 방법으로는 도달할 수 없었던 최적화 해법을 제공할 수 있을 가능성이 있습니다.

언어와 같은 이산 데이터 생성

플로 기반 생성은 이미지, 오디오, 비디오, 화합물, 제어 등 많은 분야에서 성공을 거두었지만, 언어(텍스트)를 생성하는 소위 **대규모 언어 모델**large language model, LLM에서는 현시점에서는 아직 충분한 성과를 거두지 못했습니다.[4] 이러한 대규모 언어 모델은 자기 회귀 모델을 사용합니다.

언어 모델에 플로 생성을 적용하는 연구도 진행 중이지만 현재로서는 자기 회귀 모델보다 성능이 떨어집니다. 주된 이유는 언어가 이산 데이터이기 때문으로 보입니다. 플로

---

[4] 〔옮긴이〕 저자가 이 책 앞부분의 '한국의 독자들에게'에서도 밝혔지만, 일본에서 이 책이 출간된 후에 대규모 언어 모델에도 플로 기반 생성이 적용되어 주목받고 있습니다.

기반 생성은 연속적인 정보를 처리하는 데 탁월하지만, 언어는 문자나 단어와 같은 이산적인 정보로 구성되어 있다는 점에서 플로 기반 생성과 상성이 좋지 않습니다. 이산적인 정보를 직접 처리하는 확산 모델, 문자와 단어를 연속적인 벡터 표현으로 변환한 후 확산 모델을 적용하는 방법 등이 제안되었으나 아직까지 성공하지는 못했습니다. 또한 언어는 시작부터 순서대로 생성되는 데이터라는 점에서 자기 회귀 모델과 상성이 좋다는 점이 있습니다(오디오나 비디오도 시작부터 순서대로 만들어지는 데이터이기는 하지만, 이 경우들에는 일정 시간 단위로 모아서 생성하는 확산 모델이 성공했습니다).

그렇다면 만약 플로를 사용하는 생성에 기반하는 언어 모델이 실현된다면 어떤 장점을 가지게 될까요?

첫 번째 장점은 다양한 생성이 가능해진다는 것입니다. 플로를 사용하는 생성 모델은 생성 후보들이 다양하더라도(이것을 분포에 **다중 모드**가 있다고 합니다) 그것들을 효율적으로 열거할 수 있습니다. 앞으로는 대규모 언어 모델이 복잡한 추론 문제를 해결할 때 다양한 생성 후보를 만들어내는 능력이 중요해질 것입니다. 같은 사고방식이 아닌 다양한 관점에서 아이디어를 생성할 수 있는 것에 가치가 있기 때문입니다.

두 번째 장점은 **병렬처리**가 가능해진다는 것입니다. 오늘날의 컴퓨터는 **순차처리** 대신 병렬처리를 해서 성능을 향상시킵니다. 자기 회귀 모델에서는 처음부터 끝까지 순서대로 한 단어(실제 대규모 언어 모델의 처리 단위는 **토큰**이라고 불리는 덩어리인데, 반드시 단어는 아닙니다)씩밖에 생성할 수 없지만, 플로를 사용하는 생성 모델을 사용하면 수백 개의 단어를 동시에 병렬로 생성할 수 있게 되어 데이터 생성을 보다 효율적으로 수행할 수 있습니다.

또한 기존 방법을 대체하는 것이 아니라, 이미 성공한 자기 회귀 모델을 플로를 이용한 생성과 융합하려는 시도도 이루어지고 있습니다. 앞으로는 두 가지 방법의 지식과 견해를 활용해서 더 어려운 생성 문제를 해결할 수 있을 것이 기대됩니다.

뇌의 계산 메커니즘과의 접점

사람이 뇌에서 어떻게 다양한 학습 및 추론 과정을 수행하는지는 아직 밝혀지지 않았으며 다양한 가설이 제안되었지만 아직 명확한 이해에 도달하지 못했습니다. 뇌의 다양한 기능이 분산되어 처리되고 있으며 국소적인 정보[5]를 사용하여 계산 및 학습(상태 업데이트)이 수행되고 있다고 생각됩니다.

이 책에서도 언급했듯이 에너지 기반 모델과 이를 기반으로 한 학습 메커니즘 및 뇌의 학습 메커니즘 간의 접점에 대한 연구가 진행되고 있습니다. 이 덕분에 플로를 이용한 생성이나 계산이 이전에는 없었던 새로운 계산 메커니즘 후보가 될 가능성이 있습니다. 예를 들어 새로운 정보를 기억할 때, 그 정보에 대응하는 상태의 에너지가 낮아지도록 플로를 업데이트하면 될 것입니다. 이러한 플로 업데이트는 국소적인 정보만 가지고도 할 수 있다는 장점이 있습니다.

앞으로의 연구들에 의해 이러한 가설이 검증되어 더욱 깊은 이해가 이루어질 것으로 기대합니다.

플로에 의한 생성의 미래

플로 기반 생성은 이제 막 시작된 분야이며 생성 기술은 여전히 발전 중입니다. 앞으로도 계속 진화할 것으로 기대되며 생성 품질, 생성 속도, 다양성이 앞으로도 계속 개선될 것입니다.

또한 생성 결과를 어떻게 제어할 것인지, 생성 결과나 일반화 능력을 어떻게 이론적으로 보증할 것인지 등의 과제가 앞으로 점점 더 중요해질 것입니다. 또한 유체역학, 정보기하학, 비평형 열역학, 정보공학 및 머신러닝과 같은 새로운 분야 간의 연계도 확대될 것입니다. 이러한 분야들의 지식과 견해들을 통합함으로써, 플로를 이용한 생성 기술이 더욱 발전할 것으로 기대됩니다.

5　(옮긴이) 2장의 '공간 전체의 정보를 지배하는 분배함수' 절에서 설명한 분배함수의 경우에서처럼 전체 정보를 필요로 하지 않고, 로컬 정보만으로 필요한 작업이 수행된다는 뜻입니다.

APPENDIX A

머신러닝 키워드

확률과 생성 모델

생성 모델에서는 확률분포를 다룹니다. 생성될 데이터는, 모델에 의해 학습되어 얻어진 모델 분포라는 확률분포에 따라 생성(**샘플링**)됩니다. 여기서는 확률과 확률분포의 기초에 대해 설명하겠습니다.

확률은 어떤 일이 일어날 가능성의 정도나 믿음을 숫자로 표현한 것입니다. 예를 들어 정육면체 주사위에서 각 값이 나올 확률은 1/6이고, 내일 날씨가 맑을 확률은 40%라는 것 등입니다.

또한 **확률변수**random variable란 시행 결과를 숫자로 표현한 것입니다. 예를 들어 주사위를 굴려서 나오는 값이나, 동전을 던졌을 때 앞면 또는 뒷면이 나오는 결과(앞면은 1, 뒷면은 0 등)가 확률변수입니다.

그리고 확률변수가 실제로 어떤 값이 될 확률을 제공하는 함수를 **확률분포**라고 합니다. 예를 들어 주사위의 경우에 주사위의 값들이 확률변수가 되고 각 값들이 나올 확률이 각각 1/6인 확률분포가 됩니다. 확률분포는 각 시행의 결과에 확률을 할당하는 분포라고 할 수 있습니다.

어떤 분포가 확률분포가 되려면 두 가지 조건을 만족시켜야 합니다. 첫 번째 조건은 모든 확률이 0보다 크거나 같아야 한다는 것입니다. 즉, 음의 확률은 존재하지 않습니다. 두 번째 조건은 확률변수의 가능한 모든 값에 대한 확률의 합이 1이 되어야 한다는 것입니다.

이 두 번째 조건은 확률변수가 고차원 데이터인 경우처럼 가능한 경우의 수가 많은 경우에는 만족이 되는지 확인하거나 보장하기 어려워집니다. 이 문제는 2장에 있는 분배 함수의 계산에 대한 부분에 더 자세히 설명되어 있습니다.

데이터의 생성을 학습한다는 것은 데이터 생성 후보들로 이루어진 확률변수에 대한 확률분포를 추정하는 문제로 생각할 수 있습니다.

이 경우 학습의 목표는 생성 대상 데이터에는 0보다 큰 확률을 할당하고 생성 대상이 아닌 데이터에는 0 또는 매우 작은 확률을 할당하는 확률분포를 추정하는 것입니다. 이 확률분포에 따라 데이터를 샘플링하면 생성 대상 데이터가 생성되게 됩니다.

최대 가능도법

생성 모델을 학습할 때의 목표는, 모델이 정의하는 확률분포를 데이터에 의해 정의되는 확률분포에 가능한 한 가깝게 일치시키는 것입니다.

모델에 의해 만들어진 확률분포를 **모델 분포**라고 부르고, 학습 데이터에 의해 만들어지는 확률분포를 **데이터 분포**라고 합니다. 모델 분포는 모델의 **매개변수**를 변경하여 자유롭게 변경할 수 있습니다. 반면에 데이터 분포는 학습 데이터로부터 주어지는 것이며 일반적으로 고정되어 있습니다. 생성 모델 학습의 목표는 모델 분포가 데이터 분포와 일치하도록 모델의 매개변수를 조정하는 것입니다.

두 개의 확률분포가 주어지면 이 분포들 사이의 거리(정확히는 거리는 아니고, 거리의 제곱 스케일이며 인수의 순서에 대해 대칭성이 없음)에 해당하는 **쿨백-라이블러 발산**Kullback-

Leibler divergence(**KL 발산**)을 정의할 수 있습니다. 이 KL 발산은 항상 0보다 큰 값을 가지며 두 분포가 가까울수록 값이 작아지고 완전히 일치할 때에만 0이 됩니다. 그래서 두 분포 간의 KL 발산이 작아지도록 모델 분포의 매개변수를 조정함으로써 분포를 일치시키는 방식으로 모델의 학습이 가능해지는 것입니다.

이 KL 발산(정확하게는 모델 분포에 대한 데이터 분포의 KL 발산)을 줄이기 위해서는 데이터 분포에서 데이터를 샘플링해서, 모델 분포에 의한 그 데이터의 확률을 높여야 합니다. 데이터 분포에서 높은 확률을 가지는 데이터가 모델 분포에 있어서도 높은 확률을 가지게 하겠다는 발상인 것입니다. 주어진 데이터에 모델이 할당하는 확률을 **가능도**라고 부릅니다. 그래서 학습 데이터의 가능도를 최대화하는 모델의 매개변수를 찾음으로써 추정하는 방법을 **최대 가능도 추정** 또는 **최대 가능도법**이라고 합니다. **최대 가능도** maximum likelihood는 생성 모델의 학습에 널리 사용되고 있습니다.

이 책에서 소개하는 확산 모델은, 학습 시에 노이즈가 추가된 데이터로부터 노이즈를 추정할 수 있도록 하는 **디노이징 스코어 매칭**이라고 불리는 기법을 사용합니다. 그런데 이것이 노이즈가 추가된 확률분포에 대한 최대 가능도 방법에 해당한다는 것이 밝혀졌습니다.

머신러닝

생성형 AI에게 어떻게 생성하면 되는지를 사람이 직접 가르치는 것은 아닙니다. 컴퓨터에 학습을 위한 데이터를 주면 컴퓨터가 데이터로부터 데이터를 생성하는 방법을 스스로 학습합니다. 이렇게 컴퓨터 자체가 데이터에서 학습하는 접근 방식을 **머신러닝**이라고 합니다.

오늘날 AI의 대부분은 머신러닝에 의해 구현되며 생성형 AI도 머신러닝에 의해 실현되고 있습니다.

머신러닝의 메커니즘

머신러닝의 메커니즘을 설명하겠습니다. 머신러닝에는 모델, 학습 데이터, 학습 목표의 세 가지가 필요합니다. 순서대로 살펴보겠습니다.

일반적으로 입력을 받아서 출력을 반환하는 상자를 '**함수**'라고 부릅니다. 예를 들어서 받은 숫자를 3배로 만들어서 반환하는 함수를 생각해보면, 10을 입력으로 넣으면 30이 출력으로 반환될 것입니다.

그리고 머신러닝에서 **모델**이라고 하면, 데이터로부터 패턴이나 관계성을 학습하고 그 학습 결과를 기반으로 새로운 데이터에 대한 예측이나 판단을 수행하는 함수를 의미합니다.

이 모델은 **학습 데이터**를 받아서 그에 따라 작동합니다. 이를 실현하기 위해 매개변수를 도입합니다. 매개변수는 모델의 동작을 결정하는 조정 가능한 '조절 노브$_{knob}$'입니다. 예를 들어 앞에서 예로 들었던 '입력을 3배로 만들어서 반환'하는 부분에서 '3배'를 매개변수로 하고, 이것을 5배나 10배로 바꿀 수 있는 것입니다. 이 매개변수값을 바꾸면 동일한 입력 값에 대한 출력값이 바뀝니다. 이렇게 매개변수에 따라 동작이 바뀌는 모델을 **파라메트릭 모델**parametric model[1]이라고 합니다.

많은 '조절 노브'가 있는 신디사이저 같은 것을 생각하면 파라메트릭 모델을 이해하기 쉬울 것입니다. 노브를 돌리면 같은 건반을 누르더라도 음색이 바뀌는 것과 마찬가지로, 파라메트릭 모델의 매개변수를 변경하면 같은 입력에 대한 출력 결과가 바뀝니다. 생성형 AI에 사용되는 파라메트릭 모델은 수백만 개에서 수억 개에 이르는 엄청난 수의 노브를 가지는 함수입니다.

다음으로 **학습 데이터**가 필요합니다. 입력과 그에 대한 정답이 될 출력의 쌍으로 이루어지는 데이터를 대량으로 모은 것입니다. 예를 들어 주어진 이미지가 개인지 고양이인지

---

1 옮긴이 '매개변수 모델'이라고도 합니다.

를 분류하려면, 개와 고양이의 다양한 이미지와 '개' 또는 '고양이'라는 레이블이 지정된 데이터를 학습 데이터로 준비하게 됩니다.

마지막으로 **학습 목표**가 필요합니다. 학습 목표는 학습 데이터를 사용하여 수치로 측정할 수 있는 모든 것이 될 수 있는데, 일반적으로는 값이 작을수록 좋은 결과를 의미하는 것을 선택하는 경우가 많습니다. 예를 들어 분류 작업의 경우에는 학습 데이터에 대한 분류 예측 결과를 정답과 비교해서 오답률을 줄이는 것을 목표로 합니다.

매개변수 조정 = 학습

지금까지 모델, 학습 데이터, 그리고 학습 목표를 설명했습니다. 이 세 가지를 바탕으로 다음과 같이 **학습**이 수행됩니다.

먼저 모델의 매개변수를 랜덤한 값으로 초기화합니다. 다음으로 학습 데이터로부터 랜덤하게 데이터 한 개를 선택합니다. 데이터는 입력과 그에 대한 정답의 쌍입니다. 그런 다음, 입력만 모델에 전달해서 출력을 예측합니다. 그다음 모델의 예측 결과를 정답과 비교합니다.

모델에 의한 예측이 올바른 출력과 일치하는 경우 그대로 둡니다. 예측과 정답이 일치하지 않으면 예측이 정답에 더 가까워지도록 매개변수를 조정합니다. 이렇게 하면 해당 데이터에 대해서는 맞는 예측을 할 수 있게 될 것입니다. 다음으로 또 다른 데이터를 하나 선택해서 예측을 하고, 예측값이 정답과 일치하도록 매개변수를 조정하는 과정을 반복합니다.

모델의 매개변수는 최초에는 랜덤하게 결정되기 때문에, 처음에는 예측 결과가 엉터리라서 정답과 일치할 수가 없습니다. 그러나 조정을 반복하면 최종적으로는 대부분의 데이터에 대해 정확한 예측을 할 수 있게 됩니다.

이렇게 모델에 의한 예측이 정답과 일치하도록 매개변수를 조정하는 부분을 학습이라고 합니다. 사람의 학습과는 달리, 머신러닝에서의 '학습'은 위에서 설명한 구체적인 프로세스라는 점에 유의해야 합니다.

신경망

현재 가장 일반적으로 사용되는 모델은 **신경망**이라고 불리는 모델입니다. 신경망은 간단한 계산을 수행하는 **뉴런**이라는 계산 단위로 구성되어 있으며, 엄청난 수의 뉴런을 결합하여 매우 복잡한 계산을 처리할 수 있습니다.

실제로 함수의 입력-출력 관계가 아무리 복잡하더라도 충분히 큰 신경망이 있으면 임의의 정확도로 관계를 근사할 수 있다는 것이 알려져 있습니다(**보편 근사 정리**universal approximation theorem).

또한 신경망은 **오차 역전파**backpropagation라는 훌륭한 방법으로 학습될 수 있습니다. 이 방법을 사용하면 예측이 틀렸을 때 매개변수를 조정하는 방법을 매우 정확하고 효율적으로 찾을 수 있습니다. 오차 역전파 방법은 수억 개에서 수조 개의 매개변수가 있는 경우에도 효율적인 학습을 가능하게 합니다.

이 책에서는 플로를 이용한 생성의 실현에 초점을 맞추고 있으므로 신경망의 발전에 대해 자세히 다루지는 않지만, 신경망 모델의 발전도 생성 모델의 실현에 크게 기여했습니다.

유한한 학습 데이터로부터 무한한 데이터에 적용할 수 있는 규칙을 얻는 일반화

만약 머신러닝에서 주어진 문제에 대한 모든 데이터를 학습 데이터로서 열거할 수 있다면, 이러한 입력-출력 쌍을 모두 그대로 외워서 완벽한 예측을 할 수 있을 것입니다. 모두 외우는 것은 사람에게는 어려울 수 있지만, 컴퓨터는 오히려 잘하는 작업입니다.

그러나 현실 세계에서 다루는 많은 문제의 경우에 모든 데이터를 미리 나열하는 것은 불가능합니다. 특히 입력 데이터가 언어, 이미지, 음성 등인 경우 무한한 변형variation이 존재합니다.

따라서 머신러닝의 목표는 답을 암기하는 것이 아니라 유한한 학습 데이터로부터 학습하여 무한한 데이터에 적용할 수 있는 규칙과 패턴을 획득하는 것입니다. 이렇게 학습 데이터에서 얻은 지식을 사용하여 미지의 데이터에 대해서도 좋은 예측을 할 수 있는 능력을 **일반화** 능력이라고 합니다.

일반화는 생성 작업에서도 중요한 개념입니다. 생성 작업의 목표는 학습 데이터에 있는 데이터를 그대로 외우는 것이 아니라 유한한 데이터로 학습해서 학습 데이터에 존재하지 않는 새 데이터를 생성할 수 있도록 하는 것입니다.

따라서 일반화는 머신러닝에서 매우 중요한 개념이며, 제한된 학습 데이터로부터 미지의 데이터에 대응하는 능력을 얻는 데 필수적입니다.

APPENDIX B

참고 문헌

이 책에서 설명한 기술에 대해 더 깊이 알고 싶은 분들을 위해 참고 문헌을 정리했습니다. 여기서는 대표적인 문헌(예: 처음으로 발표된 논문)들만 소개하므로, 최신 지식을 알고 싶으신 분들은 해당 논문을 참고 문헌으로 하는 논문들을 찾아서 확인하십시오.

- 《확산 모델의 수학》(제이펍, 2024)

딥러닝의 기본 등에 대해서는 다음의 제 책들에서도 다루고 있습니다.

- 《ディープラーニングを支える技術1/2》(技術評論社, 2022)
- 《AI 딥 다이브》(한빛미디어, 2024)
- "生成AIの登場と発展," 数理科学 (639). Oct. 2024.
    - 전문가를 위해 에너지 기반 모델, 볼츠만 머신, 홉필드 네트워크, 확산 모델, 그리고 이 책에서 다루지 않았던 비평형 열역학 등과의 접점에 대해서도 자세히 설명합니다.

2장

- "Learning Process in a Model of Associative Memory," N. Kaoru, *Pattern Recognition and Machine Learning*. pp. 172–186. 1971. https://bit.ly/41trvqB
- "Learning Patterns and Pattern Sequences by Self-Organizing Nets of Threshold Elements," S. Amari, *IEEE Transactions on Computers*. pp. 1197-1206. 1972. https://bit.ly/3Fz007G
  - 위의 두 논문은 이징 모델의 매개 변수에 헤브의 법칙과 유사한 업데이트 방식을 적용해서 연상 기억을 실현하는 예(후자는 RNN임)입니다. 홉필드 네트워크의 첫 번째 제안이라고 할 수 있습니다.
- "Neural networks and physical systems with emergent collective computational abilities," J. J. Hopfield, *Proceedings of the National Academy of Sciences* 79(8), pp. 2554–2558, 1982. https://bit.ly/41pBCN2
  - 연상 기억을 실현하는 소위 홉필드 네트워크를 제안했습니다. 이징 모델과 헤브의 법칙을 기반으로 하는 학습의 첫 번째 제안은 아니지만, 본질적인 모델링 기법을 제공했으며 많은 물리학자들이 관련 연구에 참여하는 계기가 되었습니다. 2024년 노벨상 수상으로 이어지게 됩니다.
- "Hopfield Networks is All You Need," H. Ramsauer et al., *ICLR*. 2021. https://arxiv.org/abs/2008.02217
  - 홉필드 네트워크를 개량한 것입니다. 기억 과정에 에너지 함수를 사용하여 비선형성과 저장 용량을 크게 증가시켰으며 연속 상태를 도입했습니다. 현재의 신경망의 틀로 학습 가능하게 하는 등, 모던 홉필드 네트워크의 선구적인 논문입니다.
- "How to Train Your Energy-Based Models," Y. Song, D. P. Kingma. 2021. https://arxiv.org/abs/2101.03288
  - 에너지 기반 모델의 튜토리얼 및 최근의 학습 기법에 대한 요약입니다. 2006년 LeCun의 튜토리얼도 오래된 기법이기는 하지만 참고가 될 것입니다. https://bit.ly/4kqvDjP

- "MCMC using Hamiltonian dynamics," R. M. Neal. 2012. https://arxiv.org/abs/1206.1901
  - 해밀토니안 동역학을 사용하는 샘플링 기법을, 랑주뱅 동역학에 의한 샘플링도 포함하여 설명합니다.
- "Bayesian Learning via Stochastic Gradient Langevin Dynamics," M. Welling, Y. W. Teh, *ICML*. 2011. https://bit.ly/4bTDylA
  - 랑주뱅 동역학을 사용하여 모델 분포로부터 샘플링하는 방법입니다. 머신러닝 분야에서 널리 쓰이게 되었습니다.
- "The Helmholtz Machine," P. Dayan, G. E Hinton, R. M. Neal, R. S. Zemel, *Neural Computation* 7, pp. 1022-1037. 1995. https://bit.ly/4bGb8LV
  - 잠재변수 모델에 있어서, 잠재변수를 추정하는 인식 모델과 잠재변수로부터 데이터를 생성하는 생성 모델을 번갈아 학습시키는 모델입니다. VAE 등으로 이어지게 됩니다.
- "Auto-Encoding Variational Bayes," D. P. Kingma, M. Welling, *ICLR*. 2014. https://arxiv.org/abs/1312.6114
  - 잠재변수 모델을 발전시킨 VAE를 제안했습니다. 변분 베이즈 목적함수에 따라 잠재변수 모델인 인식 모델과 생성 모델을 동시에 학습시킵니다. 손 글씨 숫자와 정면 얼굴 이미지 등의 학습에 처음으로 성공했습니다.
- "Generative Adversarial Networks," I. J. Goodfellow et al., *NIPS*. 2014. https://arxiv.org/abs/1406.2661
  - 생성 모델과 식별 모델을 경합시켜서 학습을 진행합니다. 이미지의 생성에 성공한 초기의 기법입니다.

3장

- 《Fluid Mechanics》(Oxford University Press, 2022)
    - 유체의 중요한 개념을 고등학교 수학 수준에서 설명해줍니다. 오늘날의 생성 모델에서 사용하는 유체는 압축성이 있고 경계면이 없으며 매우 고차원인 공간을 흐르는 특징을 가지는 유체라고 볼 수 있습니다.
- "NICE: Non-linear Independent Components Estimation," L. Dinh, D. Krueger, Y. Bengio, *ICLR Workshop*. 2015. https://arxiv.org/abs/1410.8516
    - 플로를 사용하는 생성 모델인 정규화 플로에 대한 최초의 논문입니다. 가역 변환에 의해 사전분포를 모델 분포로 변환함으로써 학습을 진행합니다.
    - 다음 논문도 최초의 아이디어입니다. "Iterative Gaussianization: From ICA to Random Rotations," V. Laparra, G. Camps-Valls, J. Malo, *IEEE Transactions on Neural Networks*. 22(4), pp. 537-549. 2011. https://doi.org/10.1109/TNN.2011.2106511
- "Neural Ordinary Differential Equations," R. T. Q. Chen et al., *NeurIPS*. 2018. https://arxiv.org/abs/1806.07366
    - 정규화 플로의 변환 단위를 잘게 나누어서 확률분포를 플로에 의해 변환시켜가는 연속 정규화 플로를 제안했습니다. 플로를 이용한 생성 모델을 최초로 공식화한 논문으로 평가됩니다. 학습 시에는 플로 전체의 시뮬레이션이 필요합니다.

4장

- "Deep Unsupervised Learning using Nonequilibrium Thermodynamics," J. Sohl-Dickstein et al., *ICML*. 2015. https://arxiv.org/abs/1503.03585
    - 최초의 확산 모델 논문입니다. 비평형 열역학에서 비롯되었으며 확산 과정을 기반으로 하는 잠재변수 모델의 변분 하한 최대화에 의해 학습됩니다. 학습에는 확산 과정 전체를 필요로 합니다.

- "Denoising Diffusion Probabilistic Models," J. Ho et al., *NeurIPS*. 2020. https://arxiv.org/abs/2006.11239
  - 확산 모델의 학습 문제가 스코어 기반 모델의 학습과 동일하므로 각 시각의 스코어를 추정하면 된다는 것을 보였습니다. 또한 모델링 아이디어들을 적용하여 확산 모델로도 높은 품질의 생성이 가능하다는 것을 보였습니다.
- "Score-Based Generative Modeling through Stochastic Differential Equations," Y. Song et al., *ICLR*. 2021. https://arxiv.org/abs/2011.13456
  - 확산 모델의 확산 과정을 연속화하여 플로에 의한 생성이 가능하다는 것을 보였습니다. 이에 의해 플로에 의한 생성과 확산 모델을 통합적으로 다룰 수 있게 되었습니다.
- "A connection between score matching and denoising autoencoders," P. Vincent, *Neural Computation*. 2011. https://bit.ly/3DMMxZu
  - 디노이징 스코어 매칭에 의해 스코어(확률 로그값의 기울기)를 추정할 수 있음을 보인 논문입니다.
  - 공식 자체는 1956년에 발견된 Tweedie 공식의 일종으로 볼 수 있습니다. 최근의 해설은 다음 링크를 참고해 주세요. https://bit.ly/428SAka
- "Flow Matching for Generative Modeling," Y. Lipman et al., *ICLR*. 2023. https://arxiv.org/abs/2210.02747
  - 기본 단위 플로를 모아서, 임의의 분포로부터 모델 분포까지의 플로를 학습할 수 있습니다. 기본 단위로 최적 운송을 사용하는 방법이 널리 사용되고 있습니다.
- 《Optimal Transport》(Springer, 2009)
  - 최적 운송에 대한 가장 유명한 교과서 중 하나이며 체계적으로 배울 수 있는 책이지만, 양이 너무 많고 수준이 높으므로 빨리 이해하고 싶다면 다음 책이 좋습니다.
- 《最適輸送の理論とアルゴリズム》(講談社, 2023)
  - 최적 운송에 대한 설명과 이를 구하기 위한 알고리즘에 대해 상세하고 세심하게 설명합니다.

- "Flow Matching on General Geometries," R. T. Q Chen and Y. Lipman, *ICLR*. 2024. https://arxiv.org/abs/2210.02747
  - 플로 매칭을 확장하여 리만 공간 등의 임의의 다양체상에서 플로 매칭을 실현해서 생성 모델을 학습할 수 있다는 내용입니다.

5장

- "Generalization in diffusion models arises from geometry-adaptive harmonic representations," Z. Kadkhodaie, F. Guth, E. P. Simoncelli, S. Mallat, *ICLR*. 2024. https://arxiv.org/abs/2310.02557
  - 확산 모델의 일반화 능력에 대한 연구입니다. 학습 데이터를 나누어서 각각의 데이터셋에 대해 학습시키더라도, 모델들이 거의 같은 생성 분포를 가질 정도로 강한 귀납적 편향inductive bias을 갖습니다. 디노이징을 학습할 때 기하 적응 조화 기저geometry-adaptive harmonic basis, GAHB상에서 축소 추정shrinkage estimation을 하기 때문입니다.
- "Equivariant Diffusion for Molecule Generation in 3D," E. Hoogeboom et al., *ICML*. 2022. https://arxiv.org/abs/2203.17003
  - 확산 모델을 사용해서 대칭성(E(3))을 가지는 3차원 배열을 생성합니다. 플로를 사용하는 생성의 경우에 사전분포가 대칭변환에 대해 불변이고 플로가 변환에 대해 동변이라면, 대칭변환에 대해 확률은 불변입니다.
- "Energy Transformer," B. Hoover et al., *NeurIPS*. 2023. https://arxiv.org/abs/2302.07253
  - 트랜스포머에서 일어나는 계산을, 에너지 최소화 문제로 매우 유사하게 정의할 수 있습니다. 플로를 사용하는 계산을 이용하여 데이터가 단계적으로 변환되어 가는 것을 실현했습니다.
- "Diffusion Models for Black-Box Optimization," S. Krishnamoorthy et al., *ICML*. 2023. https://arxiv.org/abs/2306.07180

- 원하는 최적 해법으로부터 이를 실현하는 입력을 추정하는 문제를, 확산 모델을 사용하여 풀겠다는 것입니다. 다양한 문제를 사전 학습함으로써 새로운 블랙박스 최적화 문제를 푸는 것을 목표로 합니다.

■ 진솔한 서평을 올려주세요!

이 책 또는 이미 읽은 제이펍의 책이 있다면, 장단점을 잘 보여주는 솔직한 서평을 올려주세요.
매월 최대 5건의 우수 서평을 선별하여 원하는 제이펍 도서를 1권씩 드립니다!

- **서평 이벤트 참여 방법**
  1. 제이펍 책을 읽고 자신의 블로그나 SNS, 각 인터넷 서점 리뷰란에 서평을 올린다.
  2. 서평이 작성된 URL과 함께 review@jpub.kr로 메일을 보내 응모한다.

- **서평 당선자 발표**
  매월 첫째 주 제이펍 홈페이지(www.jpub.kr)에 공지하고, 해당 당선자에게는 메일로 연락을 드립니다.
  단, 서평단에 선정되어 작성한 서평은 응모 대상에서 제외합니다.

독자 여러분의 응원과 채찍질을 받아 더 나은 책을 만들 수 있도록 도와주시기 바랍니다.

찾아보기

ㄱ, ㄴ

가능도	56, 103
가역변환	55
가우시안 노이즈	79
고차원 공간	9, 11
고차원 데이터	7
관측변수	37
구성성	20
규칙 기반 시스템	5
뉴런	106

ㄷ

다양체	16, 21, 38
다양체 가설	15, 38, 42
다중 모드	98
대규모 언어 모델(LLM)	44, 89, 97
대칭성	18, 95
데이터 분포	70, 85, 86, 102
동변성	95
등속직선운동	85, 87
디노이징 스코어 매칭	76, 79, 82, 88, 103

ㄹ, ㅁ

랑주뱅 몬테카를로 방법	33
랜덤 워크	69
매개변수	15, 102
머신러닝	6, 103
모던 홉필드 네트워크	27
모델	104
모델 분포	53, 102
몽주-칸토로비치 문제	83

ㅂ

벡터장	61
변분 베이지안	40
변분 오토인코더(VAE)	40, 67, 81
병렬처리	98
보편 근사 정리	106
볼츠만 분포	31, 34, 35, 73, 97
분배함수	35, 51, 53, 55
불변성	19
브라운 운동	69
비평형 열역학	67

ㅅ

사전분포	52, 85, 86
사후분포	42
사후분포 붕괴	42, 81
샘플링	101
샘플링 레이트	8
생성 모델	38
생성 조건	3, 31
생성기	43
생성적 적대 신경망(GAN)	43, 67, 86
생성형 AI	2
셀프 어텐션 메커니즘	96
소프트맥스 함수	32
수치적분	62
순차처리	98
스코어	72, 73, 83, 91, 95
스코어 기반 모델	68
시뮬레이션 프리	78, 83, 91
신경망	21, 106

ㅇ

압출 측도	58
야코비 행렬식	56
어텐션 메커니즘	96
언어 모델	68
에너지 기반 모델	28, 45, 47, 51, 54, 67, 82, 99
에너지 함수	82
연상 기억	29, 44, 45
연속 정규화 플로	55, 56, 82
연속방정식	50
연속성	53
오차 역전파	106
오토인코더	41, 90
워프	48
위너 과정	69

유선	58
유클리드 공간	84, 88
이산화 오차	63
이징 모델	24
인식 모델	38, 46, 80, 81
일반화	93, 107
임베딩 벡터	89

ㅈ

자기 회귀 모델	43, 51
자유 에너지	28
잠재공간	42, 90
잠재변수	37, 90
잠재변수 모델	37, 45, 47, 59, 67, 80, 90
적분	62
전문가 시스템	5
정규화 플로	55, 56, 82
조건부 생성	3
조건부 플로	87
주변화 플로	88

ㅊ

차원 수	7
천이	58
초기분포	52
최대 가능도	103
최대 가능도 추정	56, 103
최대 가능도법	103
최적 운송	83, 85, 91, 95
최적화 문제	96

ㅋ, ㅌ

쿨백-라이블러 발산(KL 발산)	103
토큰	98
트랜스포머	96

ㅍ

파라메트릭 모델	104
판별기	43
프레임	9
프롬프트	2
플로	3, 36, 47, 54, 58, 91, 97
플로 매칭	67, 83, 86, 88, 90, 91, 95

ㅎ

학습	105
학습 데이터	104
학습 목표	105
함수	104
헐루시네이션	94
헤브의 법칙	26
헬름홀츠 머신	38
헬름홀츠 에너지	38
홉필드 네트워크	26, 31, 44, 51
확률	101
확률 로그값	75
확률변수	101
확률분포	101
확산 모델	67, 70, 98
확산 현상	68